Martina Walter-Krick, Martin Werth (Hg.)
„Prüft alles und behaltet das Gute!"

Martina Walter-Krick, Martin Werth (Hg.)

Prüft alles und behaltet das Gute!

Die Jahreslosung 2025 – Ein Arbeitsbuch
mit Auslegungen und Impulsen für die Praxis

 neukirchener

Für die Bildmeditation zur Jahreslosung ist das Bild
von Inge Heinicke-Baldauf im Postkartenset erhältlich.
ISBN 978-3-7615-7023-4

Die Jahreslosung ist entnommen aus: Einheitsübersetzung der Heiligen Schrift © 2016 Katholische Bibelanstalt, Stuttgart. Alle Rechte
vorbehalten.

Bibliografische Information der Deutschen Nationalbibliothek:
Die Deutsche Nationalbibliothek verzeichnet diese Publikation
in der Deutschen Nationalbibliografie; detaillierte bibliografische
Daten sind im Internet über http://dnb.d-nb.de abrufbar.

© 2024 Neukirchener Verlagsgesellschaft mbH, Neukirchen-Vluyn
Alle Rechte vorbehalten
Umschlaggestaltung: Grafikbüro Sonnhüter, www.sonnhueter.com,
unter Verwendung eines Bildes © Inge Heinicke-Baldauf
Lektorat: Anna Böck
DTP: Breklumer Print-Service, www.breklumer-print-service.com
Verwendete Schriften: Dante MT, Scala Sans
Gesamtherstellung: Drukarnia Dimograf Sp z o.o., Bielsko-Biała
Printed in Poland
ISBN 978-3-7615-7001-2

www.neukirchener-verlage.de

Inhalt

Vorwort

„Prüft alles und behaltet das Gute!"

Prüfungen sind für uns oft eine ambivalente Sache. Erfülle ich die Erwartungen? Werde ich bestehen oder falle ich durch? Bin ich am Ende mit mir selbst zufrieden?

In unserer Jahreslosung werden wir aber keiner Prüfung unterzogen, sondern aufgefordert, dass wir selbst prüfen. Wir sollen genau hinhören und hinsehen, ob die Dinge gut sind, oder ob wir Änderungsbedarf haben.

Solches Prüfen kann Leben retten.

Eine Statikerin prüft, ob die Dachterrasse die Belastung von 40 Menschen aushalten wird.

Ein TÜV-Mitarbeiter prüft, ob die Bremsen am Auto eine sichere Fahrt ermöglichen.

Ein Problem ist vermutlich das Wörtchen „gut". Weiß ich, was gut ist? Weiß ich es für mich, für meine Familie, für meine Gemeinde, für unsere Gesellschaft? Oft meinen wir es zu wissen, können dabei aber auch einem gefährlichen Irrtum unterliegen.

Die Jahreslosung ist bewusst im Plural formuliert, wie es sehr oft im Neuen Testament der Fall ist. Nicht ich oder du, nicht er oder sie soll prüfen, sondern wir, die Bibel lesende Gemeinde. Dazu brauchen wir Lehre, Austausch und Gespräch.

Unser Wunsch ist es, dass dieses Arbeits- und Lesebuch zur Jahreslosung dazu eine kleine Hilfe sein kann. Es bietet neben einer exegetischen Betrachtung der Jahreslosung und ihres Kontextes weitere theologische und gesellschaftliche Beiträge, die von der Jahreslosung inspiriert wurden. Und es bietet, wie immer, viele Praxisentwürfe, die Ihnen bei Predigten und unterschiedlichsten Veranstaltungsformaten Hilfestellungen bieten wollen.

Ausdrücklich danken wir allen Autorinnen und Autoren, die ihre Kompetenz in dieses Buch eingebracht haben. Das freut uns sehr. Weiter danken wir dem Verlag und der Lektorin Anna Böck für die vertrauensvolle, geduldige und kompetente Betreuung des Buches.

Wir wünschen uns, dass die Jahreslosung 2025 für viele eine Ermutigung wird, gemeinsam zu prüfen und immer wieder das Gute zu entdecken.

Martina Walter-Krick   Dr. Martin Werth

Prüft alles und behaltet das Gute!

EXEGETISCHE UND THEOLOGISCHE BEOBACHTUNGEN ZUR JAHRESLOSUNG

Martin Werth

„Prüft alles und behaltet das Gute!" (1. Thessalonicher 5,21)

Die Jahreslosung für das Jahr 2025 ist erneut kurz und prägt sich daher leicht ein. Als Übersetzung wurde die ökumenische *Einheitsübersetzung* gewählt. Die *Lutherübersetzung* ist im Grunde gleichlautend, sie enthält lediglich als zweites Wort zusätzlich das Füllwort „aber" und stellt im zweiten Teil des Satzes Objekt und Prädikat um: „Prüft aber alles und das Gute behaltet."

Dadurch nähert sich die Lutherbibel stärker der Reihenfolge des griechischen Textes an, wenngleich gegenüber dem Griechischen im ersten Satzteil die Abfolge der Wörter verändert wird. Wörtlich übersetzt würde es lauten: „Alles aber prüft, das Gute behaltet."

Ich beginne zunächst mit der eigentlichen Jahreslosung. Anschließend nehmen wir den m. E. unverzichtbaren Kontext in den Blick.

1. Ein sprachlicher Blick auf die Jahreslosung

Im griechischen NT besteht die Jahreslosung aus sechs Wörtern bzw. aus zwei extrem kurzen Sätzen: πάντα δὲ δοκιμάζετε, τὸ καλὸν κατέχετε (panta de dokimazete, to kalon katechete)

Das Subjekt beider Sätze steckt jeweils im Verb. Beide Verben sind Imperative in der 2. Person Plural Präsens Aktiv: „Ihr sollt prüfen", oder: „prüft". „Ihr sollt behalten" oder: „behaltet". Den Imperativen wird jeweils ein Nomen im Akkusativ zugeordnet. Im ersten Satzteil πάντα (panta) = alles (Akkusativ Plural Neutrum). Wen oder was sollt ihr prüfen? Antwort: Alles. Im zweiten Satzteil τὸ καλὸν (to kalon) = das Gute (Akkusativ Singular Neutrum). Wen oder was sollt ihr festhalten? Antwort: Das Gute.

Für eine Predigt zum Jahresanfang könnte sich die Möglichkeit anbieten, eine Brücke von der „alten" Jahreslosung aus 2024 zur neuen in 2025 zu schlagen. Was beide Verse verbindet, ist der Auftakt mit πάντα sowie ein Verb im Imperativ[1].

πάντα ὑμῶν ἐν ἀγάπῃ γινέσθω. (panta hümon en agapä givestho)

Alles bei Euch soll in / mit / durch Liebe geschehen.

Vielleicht kann die Jahreslosung 2024 mit dem Kriterium der Liebe ein Hinweis darauf sein, *wie* das Prüfen in der Jahreslosung 2025 geschehen soll und *was* festzuhalten ist.

---

[1] Allerdings steht der Imperativ in 1. Korinther 16,14 nicht in der 2. Plural, sondern in der 3. Singular! Vergleiche dazu meine exegetischen Anmerkungen im letztjährigen Buch zur Jahreslosung.

2. Übersetzungsvergleich zur Jahreslosung

Wir vergleichen verschiedene Übersetzungen. Das ist auch bei einem so kurzen Vers eine lohnende Strategie.

- Prüft alles und behaltet das Gute! (*Einheitsübersetzung*)
- Prüft aber alles und das Gute behaltet. (*Luther 2017*)
- Prüft aber alles, das Gute behaltet! (*Zürcher*)
- Prüft aber alles und behaltet das Gute. (*Basisbibel*)
- Prüft aber alles, und nehmt nur an, was gut ist. (*Gute Nachricht*)
- Prüft alles sorgfältig, und behaltet nur das Gute! (*Hoffnung für alle*)
- Doch wägt alle Dinge ab und haltet dann an dem fest, was wirklich gut ist. (*Das Buch*)
- prüft aber alles, das Gute haltet fest! (*Elberfelder*)
- doch prüft alles und behaltet das Gute. (*Bibel in gerechter Sprache*)
- sondern prüft alles, was gesagt wird, und behaltet das Gute (*Neues Leben*)
- sondern prüft alles. Was gut ist, das nehmt an. (*Neue Genfer Übersetzung*)
- Scannt alles, löscht den Schrott und behaltet nur die guten Sachen. (*Volxbibel*)
- Allns seht ju dorup an, üm dat ock echt is! Dat Goode holt fast! (*Dat Nie Testament in unse Moderspraak*)
- Prove all things; hold fast that which is good. (*King James Version*)
- omnia autem probate quod bonum est tenete. (*Vulgata*)

Alle Übersetzungen enthalten das „alles", „alle Dinge", „all things".

Das kleine Wort „δέ" wird von fünf Übersetzungen als Füllwort wahrgenommen und entsprechend weggelassen. Zehn Übersetzungen nennen es und übersetzen sechsmal mit „aber", zweimal mit „doch" und zweimal mit „sondern".

Neun der fünfzehn Übersetzungen beginnen mit dem Imperativ „prüft" und stellen damit die Reihenfolge der Wörter gegenüber dem griechischen Text um. Dadurch soll vermutlich der Aufforderungscharakter des Verses unterstrichen werden. Erforderlich ist diese Umstellung aber nicht. Vier Übersetzungen beginnen mit „doch" bzw. „sondern" als Übersetzung des kleinen Wortes „δέ". Mit dem „alles", das den Vers im Griechischen eröffnet, starten nur *Dat Nie Testament* und die *Vulgata*.

Auffällig ist, dass vier Übersetzungen den Vers mit kleinem Buchstaben beginnen, ihn also nicht als eigenständigen Satz, sondern als Teil einer Aufzählung ansehen, die durch Kommata abgegrenzt wird.[2]

Die Verbindung der beiden Sätze der Jahreslosung geschieht in acht Übersetzungen durch „und", das sich im griechischen Text nicht findet. Teilweise wird vor das „und" noch ein Komma gesetzt, was unnötig bis falsch ist, da beide Hauptsätze dasselbe Subjekt haben und bei einer Verbindung mit „und" ein Komma dann eher stört. Die Übersetzungen, die ohne „und" arbeiten, trennen die bei-

---

2 Das griechische Neue Testament setzt nach den Versen 19, 20 und 21 auch Kommata. Nur nach Vers 18 und 22 werden Punkte gesetzt. Allerdings ist die Aussagekraft eher gering, da die ältesten Textfunde des Neuen Testaments (Majuskeln) keine Satzzeichen aufweisen. Die Satzzeichen sind also immer schon spätere Zusätze und insofern Interpretation.

den Hauptsätze durch ein Komma ab. Lediglich *Dat Nie Testament* setzt nach beiden Sätzen ein Ausrufezeichen.

3. Die Jahreslosung als Teil des 1. Thessalonicher

Paulus hatte die Gemeinde in Thessaloniki bei seiner zweiten Missionsreise gegründet (Apostelgeschichte 17,1-9). Den Brief schreibt er vermutlich wenige Monate später im Jahr 50 oder 51 von Korinth aus. Allgemein wird der Brief als der älteste Paulusbrief angesehen.

In den ersten drei Kapiteln bezieht sich Paulus auf die Gründung der Gemeinde, die gegen äußere Widerstände erfolgte. Weiter reflektiert er sein Auftreten in der Gemeinde und seine Sehnsucht nach ihr, die zunächst nur durch den Besuch des Timotheus gestillt werden kann.

In den beiden Schlusskapiteln geht es um die Heiligung und die Frage nach der Auferstehung der Toten. Beides entfaltet seine Relevanz auf dem Hintergrund einer baldigen Erwartung der Wiederkunft Christi.

4. Der Schlussabschnitt in 1. Thessalonicher 5,12-28

Unsere Jahreslosung steht im Schlussabschnitt des Briefes, der in der Lutherbibel mit „Ermahnungen und Grüße" überschrieben ist. Es lohnt sich, diesen Textzusammenhang genauer anzuschauen.

Ich gebe nachstehend den Abschnitt in Anlehnung an die Lutherübersetzung wieder. Dabei habe ich die Reihenfolge der Wörter in den jeweiligen Sätzen weitestgehend dem griechischen Text angeglichen.

[12] *Wir bitten euch aber, Brüder und Schwestern:*
  zu achten, die sich unter euch mühen und euch vorstehen
  im Herrn und euch ermahnen; [13] *sie zu ehren in Liebe*
  umso höher um ihres Werkes willen.
  Haltet Frieden untereinander.
[14] *Wir ermahnen euch aber, Schwestern und Brüder:*
  ***Weist** die Nachlässigen **zurecht**,*
  ***tröstet** die Kleinmütigen,*
  ***tragt** die Schwachen,*
  ***seid geduldig** mit allen.*
[15] ***Seht zu**, dass keiner dem andern Böses mit Bösem vergelte,*
  *sondern allezeit **jagt** dem Guten **nach**, füreinander und für jedermann.*
[16] *Allezeit **seid fröhlich**,*
[17] *unaufhörlich **betet**,*
[18] *in allen Dingen **seid dankbar**;*
  denn das ist der Wille Gottes in Christus Jesus für euch.
[19] *Den Geist **löscht nicht aus**.*
  [20] *Prophetische Rede **verachtet nicht**.*
  [21] *Alles aber **prüft**,*
  *das Gute **behaltet**,*
  [22] *von jeder Gestalt des Bösen **haltet euch fern**.*
[23] *Er aber, der Gott des Friedens, heilige euch durch und durch und bewahre euren Geist samt Seele und Leib unversehrt, untadelig für das Kommen unseres Herrn Jesus Christus.*

 ²⁴ Treu ist er, der euch ruft; er wird's auch tun.
²⁵ Brüder und Schwestern,

      betet *auch für uns.*

      *²⁶ **Grüßt** alle Schwestern und Brüder mit dem*
      heiligen Kuss.

²⁷ Ich beschwöre euch bei dem Herrn, dass dieser Brief
vorgelesen wird allen Brüdern und Schwestern.
²⁸ Die Gnade unseres Herrn Jesus Christus sei mit euch!

Der ganze Abschnitt ist von 17 Imperativen geprägt, die
ich hier fett wiedergebe. Fast alle Übersetzungen bieten
auch in Vers 12 und 13a je einen Imperativ. Dies sind aber
im griechischen Text Infinitive.

In den Versen 12, 14, 25 und 27 wird die Gemeinde direkt angesprochen. In diesen „Einleitungen" kann auch
eine inhaltliche Gliederung des Textes erkannt werden.

Die Verse 12.13 bitten um Achtung und Liebe für die-
jenigen, die in der jungen Gemeinde, die vermutlich noch
keine festen Ämter kennt, Verantwortung übernehmen.
Dieser erste Abschnitt endet mit dem ersten Imperativ:
„Haltet Frieden untereinander".

In Vers 14 beginnt eine Kette an Mahnungen, die bis
Vers 22 reicht, und an die sich in Vers 23f das Segenswort
und die Zusage der Treue Gottes anschließen. Hier hätte
der Brief einen sinnvollen Abschluss gefunden. Die erneu-
te knappe Anrede (25) mit der Aufforderung zum Beten
und Grüßen (26) und der Ermahnung, den Brief allen vor-
zulesen (27), wirkt wie ein Nachtrag dessen, was Paulus
noch eingefallen ist. Der Gnadenwunsch in Vers 28 beendet den Brief.

5. Die Kette an Ermahnungen in
1. Thessalonicher 5,14-22

14 Imperative begegnen in diesem Mittelblock des letzten Abschnitts im 1. Thessalonicherbrief.

In den ersten fünf Aufforderungen (14f) steht der Imperativ jeweils am Satzanfang, bevor die Aufforderung, dem Guten nachzujagen – sowohl innerhalb der Gemeinde als auch nach außen – einen ersten Teilabschnitt beendet.

In den Versen 16-22 ändert Paulus den Satzbau und stellt die Imperative jeweils an das Satzende. Nach drei Aufforderungen zum geistlichen Leben der Gemeinde beendet der Verweis auf den Willen Gottes einen zweiten Teilabschnitt.

Der Hinweis auf den Geist, der nicht ausgelöscht werden soll, schließt sich inhaltlich gut an, da auch dies eine innergemeindliche Thematik ist. Gleichwohl lässt der enge inhaltliche und sprachliche Zusammenhang die Verse 19-22 als einen dritten Teilabschnitt erkennen.[3] Durch vier Imperative wird verdeutlicht, wie der Umgang mit Geistphänomenen in der Gemeinde geregelt werden soll. Eine strikte Ablehnung geistgeleiteter Rede ist nicht sinnvoll (20), aber diese Rede muss jeweils geprüft werden (21), das Gute soll festgehalten werden (21), von jeglichem Bösen soll sich die Gemeinde fernhalten (22).

---

3   „Die Mahnungen dieser Verse bilden eine inhaltlich fast noch geschlossenere Einheit als die vorangehenden. Sie handeln vom Umgang mit den Erscheinungsweisen des Geistes in der Gemeinde." T. Holtz, Der erste Brief an die Thessalonicher, EKK XIII, Neukirchen-Vluyn, ²1990, S. 258.

6. Die Jahreslosung als Korrektiv charismatisch-prophetischer Rede

Wie oben gezeigt, ist unsere Jahreslosung Teil einer Reflexion über den Umgang mit charismatischen Phänomenen, hier explizit auf den Umgang mit prophetischer Rede bezogen.

Das Amt oder die Funktion des Propheten / der Prophetin ist im Alten wie im Neuen Testament fest verankert. Es ist für Israel wie auch für die christliche Gemeinde konstitutiv. In Joel 3 wird eine endzeitliche prophetische Begabung für Frauen und Männer, Alte und Junge, Herren, Mägde und Knechte verheißen, die sich in Träumen und Visionen ereignen wird.

Gleichwohl ist die Prophetie in der Summe eine gewagte und oftmals problematische Thematik. Eine erste Kritik oder Mahnung findet sich bereits in der Torah, wenn anlässlich des Konfliktes zwischen Mirjam und Aaron auf der einen und Mose auf der anderen Seite in 4. Mose 12,6-8 die Offenbarung der Propheten durch Visionen und Träume als „dunkle Worte oder Gleichnisse" bezeichnet wird, während die Offenbarung an Mose (gemeint ist damit vermutlich die schriftlich niedergelegte Torah) als die weitaus bessere und klare Gottesrede dargestellt wird.

Jeremia 28,9 weist darauf hin, dass die Wahrheit und göttliche Legitimation einer prophetischen Rede i. d. R. erst im Nachhinein festgestellt werden kann. Insofern bleibt immer eine Unsicherheit über die Relevanz einer Rede, die sich als prophetisch ausgibt.

Die Kritik an „falschen Propheten" ist im Alten Testament nahezu uferlos. Vgl. Jeremia 5,31; 6,13; 8,10; 14,14 f; 23,9-32; 27,14 f; Hesekiel 13,3-16; 22,28; Micha 3,5 f. Zielpunkt sind hier vermutlich überwiegend amtlich bestellte Propheten, die sich auf den Herrn beziehen, aber aus eigenem Antrieb die Dinge sagen, die von den Geldgebern gehört werden wollen. Dennoch hebt der verbreitete Missbrauch den rechten Gebrauch nicht auf. Deutlich steht im AT, dass Prophetie im Namen Gottes ergeht und gehört werden soll. Vgl. Jeremia 7,25; Hesekiel 33,33; Daniel 9,6; Hosea 12,11.

Auch das Neue Testament warnt vor den falschen Propheten (Matthäus 24,24; 2. Petrus 2,1; 1. Johannes 4,1) und hält doch an der von Gott geschenkten Gabe des prophetischen Redens fest (Römer 12,6; 1. Korinther 12,10).

In seiner Lehre der gemeindlichen Ämter (1. Korinther 12,28; Epheser 4,11) nennt Paulus neben Aposteln, Evangelisten, Hirten und Lehrern ausdrücklich auch die Propheten. In 1. Korinther 14,1-6 betont er seine Wertschätzung der prophetischen Lehre, der er deutlich den Vorzug vor der Zungenrede gibt. In 1. Korinther 13,2.8f weist er aber auf das Kriterium der Liebe hin, ohne die prophetische Rede wertlos wird, sich gar ins Gegenteil verwandeln kann. Es ist – wie all unsere menschliche Aktion – fehlerbehaftet und vorläufig. Daher muss prophetische Rede gemeindlich geprüft werden.

Der Abschnitt 1. Thessalonicher 5,19-22 lässt sich stimmig in die zuvor genannte Gemeindeunterweisung eingliedern. Ich erweitere die Verse nachstehend durch eine eigene Ergänzung, um das zu verdeutlichen.

¹⁹ *Den Geist **löscht nicht aus**, – denn er ist euch vom Vater verliehen.*

> ²⁰ *Prophetische Rede **verachtet nicht**, – sie ist eine Frucht und Gabe des Geistes.*
>
> ²¹ *Alles aber **prüft**, – das ist dringend erforderlich, damit ihr keiner Irrlehre aufsitzt.*
>
> *das Gute **behaltet**, – haltet die Dinge fest, die der Prüfung standgehalten haben.*
>
> ²² *Von jeder Gestalt des Bösen **haltet euch fern**, – das Böse kann sich auch in frommer Rede verbergen. Bleibt wachsam und konsequent.*

7. Die unverzichtbare Zusammengehörigkeit von „gut" und „böse"

Die Adjektive „gut" und „böse" begleiten unser Leben. In 1. Mose 2f begegnen sie zuerst im Baum der Erkenntnis des Guten und des Bösen. Hier sind sie vermutlich als Merismus gemeint: „gut und böse" gleich „alles".[4] Insofern kommt im Verlangen des Menschen nach diesem Baum der Wunsch zum Ausdruck, „wie Gott zu sein" und alles zu wissen (1. Mose 3,5). Das Verhängnis aller „Adamskinder" besteht darin, dass wir meinen, sowohl alles zu wissen als auch den Unterschied von „gut" und „böse" zu kennen. Dennoch müssen wir immer wieder entscheiden, was je-

---

4   Beim Merismus wird durch zwei gegenteilige Dinge eine Gesamtheit ausgedrückt: Hohes und Tiefes, Himmel und Erde, klein und groß etc.

weils „gut" und „böse" sei und liegen dabei fast immer falsch.

Es wird deutlich, „gut" und „böse" sind nicht nur ein Merismus, sondern bleiben auch eine Opposition, ein Gegensatz. Diesen Gegensatz nimmt Paulus im Schlussabschnitt des 1. Thessalonicherbriefes zweimal auf.

In Vers 15 heißt es: „Seht zu, dass keiner dem andern Böses mit Bösem vergelte, sondern allezeit jagt dem Guten nach, füreinander und für jedermann." Es ist unschwer zu erkennen, dass die erste Aussage eine Warnung ist, eine Art Verneinung. Der zweite Satzteil ist hingegen eine Ermutigung, eine Bejahung. Nach dem Motto: So nicht, sondern so. Es wäre nicht sinnvoll, einen Satzteil herauszulösen und allein zu betrachten.

In den Versen 21 und 22 heißt es: „Alles aber prüft, das Gute behaltet, von jeder Gestalt des Bösen haltet euch fern." Was für Vers 15 gilt, gilt auch hier, allerdings mit dem formalen Unterschied, dass in Vers 21f die Reihenfolge von „gut" und „böse" gegenüber Vers 15 umgestellt ist. Auch hier sind beide Aufforderungen zusammen zu beachten. Sie sind die zwei Seiten derselben Medaille.

Nachdem wir gemeinsam „alles" geprüft haben, sollen wir das Gute festhalten, was nur gelingt, wenn wir uns zugleich vom Bösen fernhalten. Oder andersherum: Wenn wir uns nicht vom Bösen fernhalten, wird es uns nicht gelingen, das Gute festzuhalten. Was ich mit den verwandten deutschen Verben „festhalten" und „fernhalten" verdeutlichen wollte, wird auch durch das griechische NT gestützt. Dem Verb katechete in V. 21 wird das Verb apechete in Vers 22 als Opposition gegenübergestellt.

Weil die Problematik des menschlichen „Wissens" um gut und böse auch für Christenmenschen bestehen bleibt, ist es wichtig, dass diese Aufforderung – wie eigentlich immer bei Paulus – im Plural geschieht. In der Gemeinde soll im Vertrauen auf die Leitung des Heiligen Geistes geprüft werden, was gut und daher festzuhalten, und was böse und daher fernzuhalten sei.

8. Abschließende Ermutigung, die Jahreslosung im Zusammenhang zu lesen

Unsere Jahreslosung ist kurz. Vermutlich wurde das so entschieden, weil in der Kürze vermeintlich die Würze liegt. Das kann ich verstehen. Eine Jahreslosung muss prägnant und daher einprägsam sein.

Dennoch möchte ich jede und jeden ermutigen, den Kontext der Jahreslosung zu beachten. Ich habe in diesen exegetischen Beobachtungen dazu verschiedene Vorschläge angedeutet.

Vermutlich werden die wenigsten Predigerinnen oder Bibelarbeiter die gesamten Verse 12-28 als Schlussteil des 1. Thessalonicherbriefes auslegen wollen, auch wenn es lohnend wäre, zumal sich neben den 17 Imperativen auch viele Zusagen des Segens und der Treue und Nähe Gottes finden. Das würde helfen, mit den zahlreichen Imperativen umzugehen und auch den Indikativ des geschenkten Heils zu betonen.

Eine zweite Möglichkeit wäre es, mit einer Gemeindegruppe die innergemeindliche Ermahnung und Ermutigung in den Versen 14-22 zu bedenken und den Vers 23 als Segenswort am Ende des Gottesdienstes oder Hauskreises zuzusprechen. Wem auch das zu viel ist, kann auf die Verse 16-22 reduzieren.

Immer wieder wird angenommen, dass im eher landeskirchlichen Kontext die Rede vom Heiligen Geist und seinen Gaben wenig thematisiert wird. Vielleicht ist das auch nur ein Vorurteil. Die dritte Person der Trinität ist auch für unseren Glauben und unser Leben als Gemeinden von Bedeutung. Wenn sich Gemeindekreise für die Verse 19-22 entscheiden, bestünde die Chance, über das Wirken des Geistes – auch in prophetischer Rede heute – nachzudenken und dieses Wirken und Reden in unserer kirchlichen Wirklichkeit neu zu entdecken oder zu erbitten.

Abschließend werbe ich nachdrücklich darum – sozusagen als minimale Berücksichtigung des Kontextes –, den Vers 22 zur Jahreslosung hinzuzunehmen. Das wurde oben im Punkt 7 bereits begründet. *„Prüft alles und behaltet das Gute!"* könnte sonst zu einer allzu leichten und ggf. sogar oberflächlichen Aufgabe verkommen. Wenn wir die Schwere des Bösen und seine Wirklichkeit verdrängen, werden wir eventuell das Gute nicht entdecken, wir werden es sicher in seiner radikalen Bedeutung nicht wertschätzen können.

Bei der Synode der Evangelischen Kirche im Rheinland im Januar 2024 saß ich im theologischen Ausschuss neben einem befreundeten Kirchenrat. Da das Gremium in Teilen neu zusammengesetzt war, begannen wir mit einer Vorstellungsrunde, in der jede/r eine theologische Herausforderung benannte, die sie oder ihn aktuell beschäftigt. Mein Nachbar sagte: „Wir haben in den vergangenen Jahren in der Theologie die Wirklichkeit des Bösen in dieser Welt verdrängt." Ich weiß nicht, ob diese Aussage für jede und jeden zutrifft. Fraglos ist das „Böse" angesichts vieler kleiner und vieler globaler Problemlagen täglich zu spüren. Von häuslicher Gewalt und Missbrauch auch in kirchlichen Schutzräumen über Populismus und Radikalismus in Medien und Politik bis hin zu Folter, Mord und Krieg begleitet das Böse unseren kirchlichen und privaten Alltag. Es macht uns wütend, aber auch hilflos.

Wenn wir bei unserer Jahreslosung *„Prüft alles und behaltet das Gute!"* mit Vers 22 auch *„Meidet das Böse in jeder Gestalt!"*[5] hinzunehmen, haben wir zumindest die Chance, diese Wirklichkeit im Schutzraum unserer kirchlichen Kreise zu thematisieren, unsere Verlegenheit zu benennen und beides in Klage und Bitte vor unseren Gott zu bringen.

---

5 Hier wie bei Vers 21 nach der Einheitsübersetzung zitiert.

Thematische Anknüpfungen

MEDITATION ZUR JAHRESLOSUNG 2025 ZUM BILD VON INGE HEINICKE-BALDAUF

Johannes Beer

„Prüft alles und behaltet das Gute!"
(1. Thessalonicher 5,21)

Auf den ersten Blick

Auf diesem Bild von Inge Heinicke-Baldauf erkennen wir auf den ersten Blick die Umrisse eines Menschen. Deutlich ist in der linken Bildhälfte eine stehende Figur zu sehen, die an der linken Seite und unten durch die Bildkante beschnitten ist. Sie ist recht groß und nimmt drei Viertel der Bildhöhe ein. Einzelheiten des Menschen erkennen wir allerdings nicht. Weder Arme oder Beine noch Haare oder ein Gesicht sind zu sehen. Wir ahnen nicht einmal, ob dieser Mensch aus dem Bild herausschaut oder in die Weite des Bildes hinein. Gefüllt ist die Silhouette dieser menschlichen Figur mit blauen Farbtönen, die im Kopfbereich dunkler sind und im unteren Bereich sich mit Violetttönen mischen.

Hinter dieser Figur öffnet sich eine weite Landschaft in Grün und Blau. Sie wirkt auf den ersten Blick wie eine

Flusslandschaft. Es sieht so aus, als stünde dieser Mensch an einem Flussufer und schaue ins Weite, als folge sein Blick dem geraden Flusslauf. Natürlich ist dabei nicht klar, ob der Fluss vom Menschen weg zur oberen rechten Bildecke hin oder gerade umgekehrt aus der weiten Ferne auf den Menschen zufließt. Es könnte sogar sein, dass rechts oben die Quelle angedeutet ist, da das Blau nicht ganz eindeutig bis zum Bildrand geht. Auch erschließt sich letztlich nicht, ob die grüngelben Bereiche flache Uferwiesen oder doch zurückgenommene Landschaften andeuten.

Der Fluss ist durch blaue Kringel gestaltet. Diese finden sich auch an einigen Stellen vor dem grüngelben und den hellorangenen Bereichen und wirken dort wie spritzendes Wasser. Vor allem aber füllen die blauen Kringel die Silhouette des Menschen aus. Sie sind sowohl im dunklen oberen Teil als auch im violetten unteren Teil zu finden. Fast scheint es, als sei der ganze Mensch mit ihnen vollgelaufen, ganz von ihnen erfüllt.

Und dann sind da noch orangerote Linien im rechten Teil des Bildes. Sie verlaufen in mehr oder wenigen geschwungenen Formen, teils fast mäandrierend, auf hellem orangegelben Grund. Diese Linien gehen alle auf die Schulter des Menschen zu oder bis auf drei kleine Linien unten rechts im Bild von der Schulter aus. Vielleicht gehen sie auch, von uns Betrachtenden aus gesehen, hinter dem Menschen weiter und zielen somit auf sein Herz oder gehen von diesem aus. Sie passen irgendwie nicht zur Landschaft, stören fast die friedliche Idylle. Und doch sind sie stark, etwas flirrend und erinnern mich etwas an Lichtbögen, die durch überspringenden Strom entstehen.

Im biblischen Kontext

„Prüft alles und behaltet das Gute!", schreibt Paulus im Schlussteil seines ersten Briefes, der uns überliefert ist. Er ermahnt damit die Gemeinde in Thessaloniki, die er auf seiner zweiten Missionsreise gegründet hatte. Er hatte in der Synagoge an drei Sabbaten gepredigt und eine ganze Reihe von Menschen zum Glauben an Jesus Christus bewegt. Vor allem hatte er griechischstämmige Menschen, die sich zum Judentum hielten und zu ihm übergetreten waren, angesprochen. Sie glaubten an den im Alten Testament bezeugten Gott und als Paulus nun anhand der Schriften des Alten Testamentes predigte und deutlich machte „Der Christus musste leiden und danach von den Toten auferstehen. Jesus, den ich euch verkünde, ist dieser Christus." (Apostelgeschichte 17,3), wurden etliche Christinnen und Christen. Darunter waren einige vornehme und einflussreiche Frauen.

Die Synagogengemeinde in Thessaloniki war von all dem nicht begeistert. Sie waren neidisch auf den Erfolg und zettelten einen Aufruhr an. Sie versuchten die Christinnen und Christen, vor allem Paulus und Silas, mit politischen Parolen und Verleumdungen vor der Stadtgesellschaft und der Obrigkeit reinzureißen. Sie zogen die Königskarte: Christinnen und Christen müssten als Feinde des Kaisers gelten, da sie Jesus Christus, der ihr König sei, anhängen würden. Paulus und Silas mussten fliehen. Von Anfang an wurde die christliche Gemeinde in Thessaloniki verfolgt. Und die aufgebrachte Synagogengemeinde setzte sogar Paulus und Silas an ihren nächsten Reise- und Missionsort nach, sodass diese weiter fliehen mussten.

Und dennoch wuchs und blühte diese neue christliche Gemeinde.

Durch die Verfolgung und Flucht hatten Paulus und Silas für die Verkündigung des Glaubens in Thessaloniki nicht viel Zeit. Und da das ganze Geschehen etwa zwanzig Jahren nach der Kreuzigung und der Auferstehung Jesu passierte, gab es weder die Evangelien noch ein Neues Testament oder gar eine christliche Dogmatik. All das war noch nicht geschrieben, da die Menschen in der Naherwartung lebten. Sie hofften und glaubten, dass Jesus Christus sehr bald wieder auf die Erde käme, um dann das Reich Gottes hier aufzurichten. Wozu also große Schriften verfassen, die man als Glaubenslehrbücher weitergeben kann, wenn ja doch bald das himmlische Reich anbricht? Natürlich gab es Berichte und Erzählungen, aber die wurden von Menschen wie Paulus und Silas weitergetragen. Diese waren aber nicht mehr in Thessaloniki. Wie konnte es also in der jungen Gemeinde weitergehen?

Paulus versuchte trotz aller Hindernisse, den Kontakt zu der Gemeinde in Thessaloniki zu halten. Das ging über Boten wie Timotheus zum Beispiel. Paulus erfuhr so einiges über die Gemeinde und ihn erreichten Fragen. So lobt er in seinem Brief die Gemeinde, nimmt zu den Fragen Stellung und am Schluss fasst er alles in einer Ermahnung zusammen: „Unterdrückt nicht das Wirken des Heiligen Geistes. Missachtet die prophetische Rede nicht. Prüft aber alles und behaltet das Gute. Haltet euch vom Bösen fern – wie auch immer es aussieht." (1. Thessalonicher 5,19-22)

Wenn ich jetzt wieder auf das Bild von Inge Heinicke-Baldauf schaue, sehe ich in dem aufrechten Menschen die Gemeinde in Thessaloniki oder einen ihrer Vertreter. Die Glaubenden sind vom Heiligen Geist ergriffen und erfüllt. Er ist wie ein Fluss durch Paulus nach Thessaloniki gekommen. Er durchströmt als Wasser des Glaubens und der Taufe eine grünende Landschaft und er fließt in Thessaloniki reichlich und erfüllt die Glaubenden. Sie sind ganz vom Heiligen Geist, vom Glauben erfasst.

Aber da sind die Angriffe der anderen, die ich in diesen orangeroten Linien sehe. Sie zielen auf das Herz und stellen alles in Frage. Auf dem Bild gehen diese Linien nicht in den Glaubenden ein. Sie stören allerdings die Landschaft.

Natürlich steht der glaubende Mensch, der so angegriffen wird, in der Gefahr, sich ganz zu verschließen und damit auch das Wirken des Heiligen Geistes auszugrenzen. Und genau an diesem Punkt setzt die Jahreslosung, setzt Paulus mit seiner Ermahnung an. Der glaubende Mensch soll sich nicht gegen den Heiligen Geist und das prophetische Reden verschließen, aber gegen das Böse. Und um das voneinander unterscheiden zu können, soll er alles prüfen. Aber auch das geht nur durch das Wirken des Heiligen Geistes. So ist der Mensch auf diesem Bild von Inge Heinicke-Baldauf vom Wasser des Heiligen Geistes erfüllt. Er schaut in die Weite und orientiert sich offenbar an dem Wasser des Geistes.

Unsere Situation in der Gemeinde

Natürlich ist unsere Situation in den Kirchengemeinden 2025 ganz anders als die der christlichen Gemeinde in Thessaloniki um 50 nach Christus. Wir haben in unserem Land eine christliche Tradition, eine lange Glaubenstradition. Wir können in der ganzen Bibel und vor allem auch im Neuen Testament über das Wirken Gottes lesen. Wir haben vier Evangelien, etliche Briefe und einige andere Schriften des Neuen Testaments in unübersehbar vielen Übersetzungen. Jede und jeder kann immer, wenn sie oder er will, in einer verständlichen Sprache darin lesen. Dies alles gibt uns immer wieder neu Auskunft über Jesus Christus und sein Wirken. Immer wieder können wir über den Kreuzestod und die Auferstehung nachlesen. Wir haben fast zwei Jahrtausende Auslegung dieser biblischen Bücher und genauso lange christlich-theologische Schriften inklusive etlicher Dogmatiken und Katechismen, die uns die Bedeutung unseres Glaubens aufschlüsseln wollen. Der Fluss des Heiligen Geistes fließt gewissermaßen durch eine ausufernde Fülle von Büchern, Heften und Traktaten. Theologische Forschung und Lehre haben unser Wissen von Gott und seinem Wirken in der Welt erweitert. Obwohl uns fast zweitausend Jahre vom Kreuzestod und der Auferstehung trennen, wissen wir viel darüber. Wir haben die Berichte und Zeugnisse der Apostel und können diese trotz unseres zeitlichen und kulturellen Abstandes einordnen und analysieren.

Auch bei uns wird gepredigt – und das regelmäßig. Ein gründliches Studium, das ich nicht missen möchte, hat die

Predigenden vorbereitet. Eine Auslegung der biblischen Botschaft von Jesus Christus in unsere Zeit hinein geschieht also immer wieder und immer wieder neu.

Und doch bin ich mir nicht so sicher, ob wir unmittelbar an dem gleichen Wasserstrom des Heiligen Geistes hängen, wie die Glaubenden in Thessaloniki. Es gibt so vieles, was uns ablenkt, und so vieles anderes, das auf uns einwirkt. Finden wir uns also wirklich in dem Bild von Inge Heinicke-Baldauf in der aufrecht stehenden Gestalt wieder, so wie wir darin den glaubenden Menschen dieser frühen Gemeinde erkannt haben?

Ich weiß natürlich nicht, ob Paulus das Lob auch über unsere Gemeinden und unseren Glauben anstimmen würde, aber darum geht es ja auch gar nicht. Ich vertraue darauf, dass das Wirken des Heiligen Geistes auch heute und in unseren Gemeinden geschieht. Und zum Glück können wir es fördern, aber es ist nicht von unseren theologischen Entscheidungen abhängig. Der Fluss des Heiligen Geistes fließt als Wasser des Glaubens auch heute durch eine grünende Landschaft auf uns zu. Auch heute werden wir von diesem Fluss ergriffen und mit diesem Wasser gefüllt, sodass wir uns, die Menschen in unseren Kirchengemeinden des Jahres 2025, in der aufrechten menschlichen Figur in diesem Bild wiederfinden können.

Und vielleicht mehr noch als in Thessaloniki um 50 nach Christus strömen heute immer neue Angriffe und Versuchungen auf uns Glaubende ein. Es gibt so unendlich viele theologische Richtungen und Meinungen. Es gibt immer wieder neue Anfragen an unseren Glauben. Unser Gottesbild wird immer wieder in Frage gestellt. Und es kommen im interreligiösen Dialog ganz neue Fragen hinzu. All das sehe ich für unsere Zeit in diesen orangeroten Linien. Sie zielen auf das Herz und stellen alles in Frage. Auf dem Bild gehen diese Linien nicht in den Glaubenden ein. Sie stören allerdings die Landschaft.

Genau an diesem Punkt setzt die Jahreslosung, setzt Paulus mit seiner Ermahnung an uns an. Der glaubende Mensch soll sich nicht gegen den Heiligen Geist und das prophetische Reden verschließen, aber gegen das Böse. Und um das voneinander unterscheiden zu können, soll er alles prüfen. Aber auch das geht nur durch das Wirken des Heiligen Geistes. So ist der Mensch auf diesem Bild von Inge Heinicke-Baldauf vom Wasser des Heiligen Geistes erfüllt. Er schaut in die Weite und orientiert sich offenbar an dem Wasser des Geistes.

Unsere Situation in der Politik

Aufmerksam haben wir wahrgenommen, dass in Thessaloniki um 50 nach Christus die politische Karte gespielt wurde. Der Königstitel Jesu Christi, der ja eigentlich von ihm selbst ganz unpolitisch gemeint ist, wurde schon im Gespräch mit Pilatus zur Waffe gegen Jesus Christus. In Thessaloniki wird dieses politische Argument für die christliche Gemeinde zur Herausforderung und Gefahr.

Sicher, in Deutschland leben wir im Jahr 2025 in völlig anderen politischen Verhältnissen als damals die Gemeinde in Thessaloniki. Hier herrscht kein absoluter Kaiser, und kein Despot verlangt absoluten Gehorsam. Kein Herrschender in unserem Land hat einen religiösen Anspruch auf Verehrung. Und eine Verfolgung der christlichen Gemeinden kennen wir zwar aus unserer Zeit auch, aber nicht in unserem Land und nicht in Europa.

Und dennoch kennen auch wir im Jahr 2025 politische Unterstellungen und Ansprüche. Zum einen heißt es immer wieder, dass Kirche sich aus der Politik raushalten solle und in der Parteipolitik neutral sein müsse. Zum anderen werden Gemeinden konkrete politische Stellungen unterstellt und kirchliche Vertreterinnen und Vertreter schnell in die eine oder andere politische Ecke gerückt, ohne differenziert hinzuhören oder gar die Argumente wahrzunehmen.

In meinen Augen ist es selbstverständlich, dass Kirche nicht die politische Herrschaft übernehmen soll und will. Jesus sagt ganz klar, dass sein Königtum und sein Reich nicht von dieser Welt seien. Aber für mich ist es genauso selbstverständlich, dass Kirche, Gemeinde und Glaubende sich immer wieder um der Menschen willen einmischen müssen. In Jesus Christus ist Gott in die Welt gekommen, um in der Welt und für die Welt zu wirken. Nicht umsonst fasst Jesus alle Gebote in dem Doppelgebot der Liebe zusammen.

So sehe ich in dieser aufrechten Gestalt auf dem Bild von Inge Heinicke-Baldauf auch uns als politisch verantwortliche Christinnen und Christen. Der Strom des Heiligen Geistes fließt auf uns zu. Das Wasser des Glaubens erfüllt uns. Wir orientieren uns an den blühenden Landschaften christlicher Ethik. Und dann kommen eben viele politische Ideen und Vorstellungen in den orangeroten Linien auf uns zu.

Sie zielen auf unser Herz und wollen uns vereinnahmen, wollen unser Engagement. Und genau an diesem Punkt setzt die Jahreslosung, setzt Paulus mit seiner Ermahnung an uns an. Der glaubende Mensch soll sich nicht gegen den Heiligen Geist und das prophetische Reden verschließen, aber gegen das Böse. Und um das voneinander unterscheiden zu können, soll er alles prüfen. Durch das Wirken des Heiligen Geistes können und sollen wir uns in der Welt für die Welt und vor allem für die Menschen einsetzen, auch und gerade für die Menschen, die sonst am Rande stehen.

Unsere Situation 2025

Noch wissen wir nicht, was bis zum Jahreswechsel alles geschieht. Und genauso wenig können wir die Ereignisse und die Herausforderungen ahnen, die im Laufe dieses kommenden Jahres auf uns warten. Aber die Erfahrungen der letzten Jahre zeigen uns doch ganz klar, dass da sehr Unterschiedliches dabei sein wird: Gutes und Schlechtes. Und manches Mal, eigentlich sehr oft, müssen wir reagieren und Stellung beziehen.

Dann dürfen wir uns dieses Bild von Inge Heinicke-Baldauf vor Augen führen und uns an den Fluss des Heiligen Geistes durch die blühende Landschaft erinnern. Wir sollen uns für den Heiligen Geist öffnen und uns vom Wasser des Glaubens immer wieder neu füllen lassen. Dann können wir den Herausforderungen des Jahres 2025 begegnen, in welchem wir auf Paulus hören: „Prüft alles und behaltet das Gute."

PRÜFET ALLES, DAS GUTE BEHALTET ODER VON DEN CHANCEN UND SCHWIERIGKEITEN ENTSCHEIDUNGEN ZU TREFFEN

Martina Walter-Krick

Ein Reporter interviewt einen Politiker: „Herr Minister, fällt es Ihnen eigentlich schwer, Entscheidungen zu treffen?" Seine Antwort lautet: „Ja und Nein."

Die Jahreslosung fordert uns auf, alles auf den Prüfstand zu stellen und das Gute zu behalten. Was aber ist das „Gute"? Wer bestimmt, was gut ist? Und wie prüft und entscheidet man? Es gibt so vieles, was wir aus Tradition behalten. Es hängen Erinnerungen daran und Gewohnheiten. Etwas zu verändern, auch wenn wir den Eindruck haben, dass es vielleicht nicht oder nicht mehr gut ist, fällt schwer. Die Frage: Was ist zukunftsträchtig? Was hilft mir heute und in der Zukunft? Vielleicht muss oder will oder soll ich mich von Dingen trennen!?! Dazu muss ich Entscheidungen treffen. Und je nach Persönlichkeitstyp fällt das schwer. Man hat sich doch so gewöhnt – auch an das, was eigentlich gar nicht so gut läuft.

Wir werden aufgefordert zu prüfen und dann auszusortieren, uns von einigen Dingen zu trennen und anderes zu behalten. Trotzdem wissen wir: Es geht nicht ohne Entscheidungen im Alltag. Morgens klingelt der Wecker: Stehe ich auf oder bleibe ich noch 10 Minuten liegen? Was ziehe ich heute an? Was gibt es zum Frühstück? Was werde ich heute kochen? Was schenke ich meiner Mutter zum Geburtstag? Was mache ich von all meinen Aufgaben als Erstes? Welche Einladung fürs Wochenende soll ich annehmen ... Alltägliche Entscheidungen, über die wir vielleicht nicht so lange nachgrübeln. Dennoch muss ich entscheiden oder die Tatsachen entscheiden für mich. Wenn ich mich nicht entscheiden kann, ob ich aufstehe oder liegenbleibe, dann ist es irgendwann zu spät, ich verpasse den Bus, komme zu spät zur Arbeit, ziehe den Ärger meines Arbeitgebers auf mich ... Neben den alltäglichen Entscheidungen gibt es natürlich auch noch Entscheidungen, die mein Leben in eine bestimmte Richtung lenken: Berufswahl, Partnerschaft, Kinder, Wohnorte, Arbeitsplatz ... Wir können entscheiden – wir haben die freie Wahl! Ist das nicht paradiesisch? Ja, wir können, wir dürfen entscheiden. Aber gleichzeitig müssen wir auch entscheiden und viele Menschen leiden unter der „Qual der Wahl".

Das ist in unserem privaten Alltag so und das ist auch ein Kennzeichen unserer Gesellschaft. Multioptionalität nennen das die Soziologen, d. h. eine Vielzahl (multi) an Möglichkeiten (optionen) werden uns zur Wahl angeboten. Im Gegensatz zu früherer Gesellschaft ist nichts in unserem Leben so fest vorgegeben, dass wir es nicht auch ändern könnten. Wir haben die Möglichkeit zu wählen. Dazu braucht es unsere Entscheidung. Das ist ein großes Privileg und eine große Verantwortung. Oft geschieht das ganz unbemerkt und unbewusst, aber manchmal ist uns die Qual der Entscheidung auch schmerzlich bewusst. Denn indem wir uns für etwas entscheiden, entscheiden wir uns gleichzeitig gegen die vielen anderen Optionen.

Das Wort „entscheiden" kommt von „scheiden, trennen, spalten". Zu früheren Zeiten wurde das Wort „entscheiden" für „richterlich schlichten", ein „Urteil fällen" verwendet. Wenn man die Herkunft des Wortes anschaut, dann wird vielleicht auch deutlich, warum es uns manchmal so schwer fällt, zu entscheiden: Eine Entscheidung hat oft etwas „Trennendes" an sich, etwas „Ausschließliches", und eine Entscheidung kann Folgen mit großer Tragweite haben, die ich vielleicht noch gar nicht abschätzen kann.

Trotzdem können wir Entscheidungen nicht ausweichen. Wenn ich entscheide, kann ich Fehler machen. Ich bin auch für die Folgen meiner Entscheidung verantwortlich. Ich kann mir Kritik einhandeln, aber auch Lob. Ich kann nach einer Entscheidung richtig „Fahrt aufnehmen", weil ich eine eindeutige Richtung habe. Aber es kann auch sein, dass ich mich in einer Sackgasse wiederfinde.

Unsere eigenen Ansprüche und Erwartungen an uns, alles „richtig machen zu wollen", erschweren es uns, Entscheidungen zu treffen. Wir fürchten uns vor Enttäuschungen über uns selbst und ziehen den Schluss: „Damals habe ich versagt, die falsche Entscheidung getroffen, das darf mir nie wieder passieren, deshalb werde ich das nächste Mal noch vorsichtiger sein und auf Nummer sicher gehen ..." Diese Haltung kann dazu führen, dass wir unseren Handlungsradius enger ziehen. Das Leben wird eng (Angst kommt von Enge), unser Spielraum wird kleiner. Wir trauen uns weniger oder vielleicht sogar nichts mehr zu.

Wenn ich entscheide, kann ich auch Fehler machen, mich vielleicht sogar „schuldig" machen. Und bevor ich das riskiere, stecke ich doch lieber „den Kopf in den Sand" und hoffe, dass die Entscheidung an mir vorübergeht. Und manchmal erledigen sich die Sachen wirklich wie von selbst, aber ob sie sich in meinem Sinn erledigen, liegt dann nicht mehr in meiner Hand. Auch zum Zögern, muss ich mich entschließen. Wenn ich nicht entscheide, entscheiden andere für mich und oft auch über mich. Entscheidungen treffen, heißt Verantwortung übernehmen. Bin ich bereit dazu?

Was macht es mir so schwer, Entscheidungen zu treffen?

Manchmal kann ich mich nur schwer entscheiden, weil ich alles gut finde, alles haben möchte … oder auch weil ich Angst habe, die falsche Wahl zu treffen.

Ja, es braucht Mut, um zu entscheiden.

Die Bibel erzählt von vielen Entscheidungen, Grundsatzentscheidungen und Alltagsentscheidungen. Aber die Bibel gebraucht für diese Entscheidungen ein anderes Wort und zwar „wählen" oder „(aus)erwählen". Die Grundbedeutung des hebräischen Wortes wird mit „scharf ins Auge fassen" wiedergegeben.

Im alltäglichen Leben gilt es immer wieder, die richtige (Aus)Wahl zu treffen. Wenn z. B. Abraham seinem Neffen Lot nach einem Streit um die Weidplätze die freie Wahl zwischen der wasserreichen Jordansenke und dem kärglicheren Land im Westen lässt, dann lesen wir dort, dass Lot das Angebot prüft, sich die Jordansenke anschaut und dann entscheidet.

Bei dieser Entscheidungsfindung durch „Wählen" geht es immer wieder um einen Vorgang, der den Vorgang des „Prüfens" mit einschließt. Gewählt wird das Schöne, das Ertragreiche, das Starke und Herausragende. Menschliches Wählen kann ohne Maßstäbe und kritisches Prüfen nicht auskommen.

Wie anders Gott wählt und Entscheidungen trifft, wird an anderen Stellen der Bibel deutlich wie z. B. an der Berufung Davids. Samuel wird beauftragt, einen neuen Thronfolger zu suchen und ihn zum König zu salben. Bei seiner Auswahl aus den Söhnen Isais mahnt ihn Gott ausdrücklich, vom gängigen Maßstab abzuweichen. Als Samuel Isais Sohn Eliab ansah und dachte: „Das ist der Auserwählte.", da mahnt ihn Gott selbst: „Sieh nicht an sein Aussehen und seinen hohen Wuchs; denn ich haben ihn verworfen. Denn nicht sieht der Herr auf das, worauf ein Mensch sieht. Ein Mensch sieht, was vor Augen ist; der Herr aber sieht das Herz an." (1. Samuel 16,6-7)

Menschliches Wählen ist immer mit einer gewissen Begrenzung behaftet. Paulus bleibt dennoch gelassen und ermutigt in 1. Thessalonicher 16 ff fröhlich zu bleiben, zu beten und dankbar zu sein. Und dann zu prüfen und das Gute zu behalten.

In diesem Kontext erinnert mich das „Prüfen" an den Slogan „Love it, change it or leave it!" – ein Satz aus Managementseminaren, der mir in meinem Leben immer wieder begegnet und mir Hilfestellung bietet.

In unserem Alltag stoßen wir auf Situationen, Herausforderungen, Aufgaben und Entscheidungen, die uns vor die Frage stellen: „Wie gehe ich damit um?" Soll ich die

Situation verändern, dulden, einfach hinter mir lassen und abhaken?

Die erste Option heißt „Love it!" Es geht zunächst darum die Situation so zu sehen und zu lieben, wie sie ist. Ich kann vielleicht im Moment an der Situation nichts ändern, aber meine Einstellung kann ich ändern. Wenn ich mich entschließe, etwas zu akzeptieren, so wie es jetzt ist, dann suche ich nach den positiven Aspekten. Ich konzentriere mich auf das, was funktioniert und was mich dankbar macht. Ich will das Positive anschauen, damit ich Frieden und Zuversicht gewinne.

Die zweite Option lautet „Change it!" Manchmal stoßen wir auf Situationen oder Entscheidungen, die uns unzufrieden und unglücklich machen. In solchen Situationen bin ich gefordert, die Situation zu verändern. Ich kann mich fragen, was mich eigentlich stört, was nicht gut läuft, was mich unzufrieden macht. Dazu gehört dann die zweite Frage oder Überlegung: „Was könnte ich verändern, damit die Situation besser und annehmbar wird?" Das erfordert Mut, Kraft und oft auch Kompromisse. Hier bin ich gefragt, aktiv zu werden und die Umstände zu verändern.

Die dritte Option lautet „Leave it!" Es gibt Situationen, die einfach nicht zu mir, zu meinen Werten, Zielen oder Bedürfnissen passen. In diesen Situationen ist es ratsam, die Situation hinter mir zu lassen. D. h. ich muss mich vielleicht von etwas trennen oder mich von einer Idee verabschieden. Dieser Schritt erfordert Mut. Ich lasse los, was ich vielleicht bis dahin für wichtig hielt. Ich trenne mich von dem, was mich hindert. Dazu gehört Mut, denn ich wage es, ein klares „Nein" zu sagen.

„Love it, change it or leave it!" Das ist nicht nur ein Spruch, sondern ein Nachdenken über mich selbst und über das, was in meinem Leben wichtig ist. Es geht um Selbstreflexion, und diese hilft mir, mit größerer Klarheit und Entschlossenheit weiter zu gehen. Dieses Motto zeigt uns, dass wir eine Wahl haben in unseren Entscheidungen, darum: „Prüfet alles – das Gute behaltet."

PRÜFEN, VERWERFEN, BEHALTEN – DER DENKENDE MENSCH UND SEINE SUCHE NACH WAHRHEIT UND LEBEN

Chris Günzel

„Ein Leben, das nicht kritisch untersucht wird, ist es nicht wert, gelebt zu werden." Sokrates schaut selbstbewusst den anwesenden Richtern in die Augen, die ihn nur kurz nach diesen Worten zum Tode verurteilen werden. Die Jugend soll er verführt haben. Aber nicht etwa durch Alkohol oder Drogen, sondern indem er ihr beibrachte, kritisch zu denken, dem Mainstream entgegenzutreten und die großen Fragen des Lebens zu stellen. Was heute gefeiert und ganz selbstverständlich als nachahmenswert betrachtet wird, konnte einem in der Antike das Leben kosten. Dabei ging es Sokrates um genau das: Egal, wie lang oder kurz ein Leben dauert, es ist unser einziges Leben und wir sollten es dementsprechend als so wertvoll schätzen, dass wir das Leben und uns selbst kritisch hinterfragen und prüfen sollten. Es ging ihm um ein gelingendes, ein gutes Leben. Für ihn hieß das, nach Tugenden und dem „höchsten Gut" zu suchen, die uns als Menschen leiten sollten. Direkt und indirekt stellt Sokrates damit die Frage nach der Wahrheit und dem Ziel des Lebens. Wohin geht die Reise? Und was gibt uns auf dem Weg Orientierung?

In der Jahreslosung fordert Paulus auch zu einer solchen Wert-Schätzung des eigenen Lebens auf. „Prüft alles und behaltet das Gute" (1. Thessalonicher 5:21). Ganz offensichtlich ist es nötig zu prüfen, weil nicht alles in diesem Leben gut für uns ist. Der postmoderne Mensch sieht sich mit einer unüberschaubaren Fülle von Ideen, Weltanschauungen und Möglichkeiten konfrontiert. Was auf den ersten Blick wie Freiheit aussieht und zu Selbstbestimmung einlädt, entpuppt sich auf den zweiten Blick als lähmende Orientierungslosigkeit. Wo es zu viele Optionen gibt, wird mehr und mehr Zeit und Wissen zur Prüfung und Abwägung nötig. Angefangen bei der Wahl des perfekten, für mich individuell zusammengestellten Kaffees bei der amerikanischen Kette meines Vertrauens über die nicht ganz unwichtige Wahl des richtigen Berufsweges bis hin zum Ehepartner. Und letztlich oder besser grundlegend, die Frage aller Fragen überhaupt: Gibt es Gott? Und welcher Weg zu ihm ist der richtige?

Das Leben fordert Prüfung, das Abwägen von Vor- und Nachteilen, das Behalten von Gutem und das Verwerfen von Unnützem, also schließlich das: eine Entscheidung. Denn mit der Freiheit ist es so eine Sache. Solange ich mich nicht entschieden habe, welche der eintausend Wahlmöglichkeiten ich für die richtige halte, solange bin ich unfrei und unbeweglich. Erst wenn ich geprüft und eine Entscheidung getroffen habe, habe ich meine Freiheit verwirklicht. In genau diesem Moment gebe ich aber die Freiheit der Wahl für zahlreiche andere Optionen auf. Ich verliere Freiheiten, ich binde mich. Freiheit für sich allein genommen ist somit paradox. Sie funktioniert nicht als absolutes Kriterium im Leben, als welches sie die Postmoderne gerne darstellt. Zudem führt der technologische und wirtschaftliche Fortschritt zur „Explosion der Weltoptionen", so der Soziologe Hartmut Rosa. „Ganz egal wie schnell wir werden, unser Anteil an der Welt, also das Verhältnis der realisierten Optionen und der gemachten Erfahrungen zu denjenigen, die wir verpasst haben, wird nicht größer, sondern konstant kleiner."

Rosa formuliert damit eine treffend und akademisch eine Beschreibung der postmodernen FOMO (Fear of missing out), der Angst, Dinge zu verpassen. Genau diese Angst führt bei Menschen wahlweise zu Lähmung oder Überaktivität. Dabei schwingt immer auch die Sorge mit, falsche Entscheidungen zu treffen.

Der Weg aus diesem Hamsterrad führt über das Prüfen. Dafür benötigen wir einen Maßstab als Orientierung. Die Kenntnis des „höchsten Gutes", würde Sokrates vielleicht sagen und würde von Paulus recht bekommen. Das Gute behaltet! Wie man dieses höchste Gut findet, scheint für antike Denker klar gewesen zu sein: Alles hinterfragen, nachsinnen, prüfen. Die Philosophie schlägt dazu auch heute noch Fragen vor wie: Stimmt meine Idee von Wahrheit mit der Wirklichkeit überein? Stehen alle meine Theorien von Wahrheit miteinander in Einklang? Oder auch: Funktioniert meine Idee von Wahrheit? Trägt sie? Ist sie lebbar?

Mit manchen Aspekten dieser Fragen scheinen manche Strömungen postmoderner Denkrichtungen ihre Probleme zu haben. Während man vor der Moderne allgemein davon ausging, dass es die eine Wahrheit „da draußen" gibt und diese auch definitiv zu finden ist, sagen heute viele: ‚Jeder hat seine individuelle Wahrheit. Ein Ringen um die Wahrheit ist weder notwendig noch sinnvoll. Und vielleicht ist es sogar schädlich, nämlich dann, wenn in einer pluralistischen Gesellschaft Meinungen und Weltanschauungen aufeinanderprallen und Konflikte drohen. Gerade im Bereich der Religionen. In diesem Sinne ist Vorsicht sinnvoll.' Aber dies darf uns nicht abhalten von der Suche nach der Wahrheit, denn das Leben fordert Entscheidungen von uns. Und gerade als Christen wissen wir: Ja, die Suche nach Wahrheit ergibt Sinn, weil es einen Gott gibt, der Orientierung gibt.

Es bleibt also die Frage: Wie prüfe ich? Wie finde ich das Gute? Optimisten sehen aktuell in der Gesellschaft wieder eine neue Hinwendung zu diesen Fragen. An den großen Universitäten wird es gerade zum neuen Trend, über Tugenden und das „guten Leben" zu diskutieren. Offensichtlich trägt das postmoderne Narrativ nicht mehr. Menschen suchen Orientierung und Halt. Ohne Wahrheit kann ich nicht leben. Gerade auf der ganz persönlichen Ebene. Es ist entscheidend wichtig, dass ich mich auf das verlassen kann, was mir Freunde oder der Ehepartner sagen, dass es die Wahrheit ist. Leben in vollkommener Skepsis ist nicht lebenswert. Vielleicht würde mir Sokrates hier ein wenig widersprechen? Das Prüfen muss an irgendeiner Stelle enden und dem Vertrauen weichen. Erst dann wird die weitere entscheidende Frage geklärt, nämlich die, ob meine Idee vom Leben funktioniert und trägt. Am Ende muss ich auf das Eis treten, um zu wissen, ob meine Theorien über Temperatur, Körpergewicht und Eisdicke stimmen. Ich muss es erleben. An dieser Stelle würde der postmoderne Mensch wieder aufmerksam zuhören. Wahr ist hier vor allem, was ich selbst für mich als wahr erlebe. Wahrheit muss erfahrbar sein. Relevant für mein Leben. Ich muss sie aus der Innenperspektive wahrnehmen können.

Das gilt nicht zuletzt für die große Frage nach Gott. Für Kierkegaard würde ein solcher Sprung in den Glauben überhaupt erst die richtige Erkenntnis ermöglichen. Ich denke auch: Als Menschen sind wir niemals in der Lage, das ganze Leben, also auch die Folgen jeder unserer Entscheidungen vollständig zu überblicken. Wir sind nicht der Schöpfer. Aber wir sind dazu eingeladen, den Vertrauensschritt auf Gott zuzugehen und zu erleben, ob es trägt und so die Wahrheit zu entdecken. An dieser Stelle hat der christliche Glaube auch dem postmodernen Wahrheitssucher einiges zu bieten. Gott ist keine tote Theorie. Jesus Christus ist lebendiger Herr. Der Heilige Geist eine erfahrbare Kraft.

Der Sprung in den Glauben muss aber niemals ein reflektiertes Prüfen ausschließen. Es ist lediglich so, dass uns reines Denken aus uns selbst heraus niemals alle Fragen beantworten wird. Aber der christliche Glaube ist kein blindes Vertrauen. Jesus gibt uns gute Gründe, bei ihm nach der Wahrheit zu suchen. „Ich bin der Weg und die Wahrheit und das Leben, niemand kommt zum Vater als nur durch mich!" (Johannes 14,6) In diesem Sinne haben wir als Christen ein Mandat, Menschen bei der Suche nach Orientierung beiseitezustehen und ihnen zu zeigen, dass ihre Hoffnung nach Halt und dem guten Leben berechtigt ist und ein festes Ziel hat. Der christliche Glaube lädt ein, zu prüfen, ob Jesus die Wahrheit ist.

Der christliche Glaube lädt zum Prüfen ein

Dass ein Christ nicht blind glauben muss, zeigt sich an Paulus' Aufforderung, alles zu prüfen. Sicherlich bezieht er sich an dieser konkreten Stelle auf prophetische Worte, wo ein Prüfen durch Nachforschen in den Schriften (Apostelgeschichte 17,11), demütiges Gebet (1. Könige 3,9) und einen Realitätscheck (5. Mose 18,22) Klarheit bringen kann. Gleichzeitig zeigt sich ein stringentes Motiv der ganzen Schrift. Gott lädt uns ein, offen und ehrlich zu prüfen und Fragen zu stellen. Wer sucht, soll finden. Der Jünger Thomas weiß, dass die Behauptung seiner Freunde, Jesus sei auferstanden, nicht irgendeine Nebensächlichkeit war, sondern die entscheidende Frage seines Lebens. Darum will er prüfen. Er fragt, zweifelt, hadert. Aber eines tut er nicht: Er kehrt der ungeklärten Frage nicht den Rücken zu. Jesus sorgt persönlich dafür, dass er eine Antwort erhält. Wir heutigen Leser bekommen mit Thomas die Zusage, dass es auch ohne sichtbaren Beweis ausreichende Gründe gibt, an Jesus zu glauben.

Die Einzigartigkeit Jesu als Prüfstein

Wer auf der Suche nach Wahrheit ist, kann sich schnell im Abstrakten verlieren oder an der schieren Größe der Aufgabe verzweifeln. Denn letztlich führt die Frage nach dem guten Leben und nach der Wahrheit zur Frage nach Gottes Existenz und auch hier stehen wir vor einem unüberschaubaren Angebot an verschiedensten Weltanschauungen und Religionen. Ein rational redlicher Weg bei der Suche nach der Wahrheit wäre, jede dieser Weltanschauungen nach den hier genannten Maßstäben zu prüfen, inklusive der Innenperspektive. Unser Leben sollte uns diese Prüfung dieser alles entscheidenden Frage wert sein! Aber zugegeben, das würde die Spanne eines Menschenlebens übersteigen.

Ich schlage Menschen auf der Suche daher gerne eine Abkürzung vor. Ich schlage vor, die Suche bei der historischen Person von Jesus Christus zu beginnen und die Aussagen über ihn zu prüfen. Ja, ich bin als Christ voreingenommen, gebe aber gerne eine Begründung für meine Empfehlung: Die Einzigartigkeit Jesu.

Jesus begegnet uns
1) mit einer einzigartigen (historischen) Überprüfbarkeit,
2) mit einem einzigartigen Anspruch,
3) mit einer einzigartigen Persönlichkeit.

1) Jesus ist einzigartig überprüfbar
„Weil das Christentum ein historischer Glaube ist, ist es auch ein vernünftiger Glaube", schreibt Tim Keller. Er blickt damit auf die Tatsache, dass sowohl die Existenz Jesu als auch seine für viele so schwer zu glaubende Auferstehung geschichtlich sehr gut belegt sind. Zur Prüfung stehen uns mehr als 5.500 allein auf Griechisch erhaltene Fragmente von Abschriften aus dem Neuen Testament zur

Verfügung. Mehr als bei jeder anderen Person seiner Zeit. Zudem haben wir es bei diesen Quellen mit gerade im Vergleich zu anderen antiken Schriften sehr frühen Kopien zu tun. Kurt Aland schreibt nach über 40 Jahren Forschung an den neutestamentlichen Quellen: „Der Text des Neuen Testaments ist hervorragend überliefert, besser als der jeder anderen Schrift der Antike; die Aussicht, dass sich Handschriften finden, die seinen Text grundlegend verändern, ist gleich Null".

In der Kirchengeschichte gab es nie eine Vereinheitlichung der umlaufenden Schriften in dem Sinne, dass fragwürdige Quellen vernichtet wurden. Ich kann mir auch heute noch apokryphe Schriften oder sogenannte Pseudoevangelien ansehen und der Prüfung unterziehen: Sind sie entstehungsgeschichtlich glaubwürdig? Passen sie sprachlich und inhaltlich zum Rest?

Stellen wir uns vor, wir hätten das Neue Testament nicht. Oder ein Skeptiker erkennt es nicht als zuverlässige Quelle an, weil es von bereits gläubigen Menschen verfasst wurde. Selbst dann bleibt eine Vielzahl von Fakten, die auch außerbiblisch belegt sind. So sprechen jüdische und römische Quellen von den passenden Zeiträumen und der Tatsache, dass es diesen Jesus als historische Person gab. Zudem dass er durch Kreuzigung starb und dass er nach seiner – so die Überzeugung dieser Christen – Auferstehung als Gott angebetet wurde.

Gerade diese Auferstehung, die Paulus selbst als den entscheidenden Prüfstein des christlichen Glaubens beschreibt (1. Korinther 15,14), lässt sich anhand historischer Indizien erforschen. So akzeptieren selbst die skeptischsten Experten, dass a) Jesus durch Kreuzigung starb, b) die Jünger, in welcher Form auch immer, Erscheinungserfahrungen nach seinem Tod hatten, die sie zur Überzeugung brachten, Jesus sei körperlich auferstanden und dass c) zu diesen verwandelten Persönlichkeiten auch der ehemalige Christenverfolger Paulus gehörte. Neben diesen drei sogenannten minimalen Fakten könnte sogar noch eine Vielzahl an Indizien aufgelistet werden Schließlich muss für die Summe dieser Fakten eine plausible Erklärung gefunden werden. Nach 14 Jahren Christsein und Prüfen bin ich überzeugt, dass die wahrscheinlichste Hypothese lautet: Jesus ist auferstanden.

Wir haben es also mit einer einzigartigen historischen Quellenlage zu tun, um im Weiteren Jesu einzigartigen Anspruch und seine einzigartige Persönlichkeit prüfen zu können.

2) Jesus hat einen einzigartigen Anspruch

Als einziger der großen sogenannten Religionsstifter dieser Welt hat Jesus nicht versprochen, die richtigen Rituale, Regeln oder religiösen Verhaltensweisen für den Weg in den Himmel zu bringen. Er hat als einziger den Anspruch, selbst dieser Weg zu sein. Für die Menschen seiner Zeit war seine Behauptung, menschgewordener Gott zu sein, glasklar. Sie haben seine Handlungen und Worte geprüft und kamen zu dem Schluss, ihn für diese Behauptung töten zu müssen. Sein einzigartiger Anspruch konnte inhaltlich nicht widerlegt werden. Jesus konnte nur gewaltsam zum Schweigen gebracht werden – für drei Tage zumindest. Denn durch die Auferstehung beglaubigte Gott

diesen Anspruch Jesu: „Wer mich sieht, sieht den Vater"
(Johannes 14,9).

3) Jesu hat eine einzigartige Persönlichkeit
Dieser Anspruch, Weg, Wahrheit und Leben zu sein,
kommt bei Jesus allerdings nicht mit Machtanmaßung,
Ausgrenzung oder gar Gewalt einher, sondern in absoluter und radikaler Nächsten- und Feindesliebe. Noch am
Kreuz, in der schwersten Stunde seines Lebens, betet er für
seine Mörder. In Jesus sehen wir den einen Menschen, bei
dem Anspruch und Leben, Reden und Handeln, Predigt
und eigene Ethik in jeder Sekunde seines Lebens zusam-
menpassen. Wenn ich in missionarischen Gesprächen auf
Jesus komme, erlebe ich es immer wieder, dass Menschen,
so wenig sie auch vom christlichen Glauben wissen, ein ab-
solut positives Bild von Jesus haben. Auf meine Frage, ob
diese Welt der Himmel wäre, wenn wir nur alle wie Jesus
wären, stimmen mir die Leute zu.

Der Wahrheitsanspruch von Jesus stammt nicht aus
Machtgier oder Geltungssucht, sondern aus seinem Ret-
terherzen. Weil er der eine und einzige Weg ist, der zum
Leben führt, muss er das leidenschaftlich kommunizieren
an eine Welt, die auf dem Weg ist, verloren zu gehen.

Prüft alles und das Gute behaltet! Bei Jesus entscheiden
sich die großen Fragen des Lebens. Und wer nach Prüfen
und Fragen und einem Glaubenssprung bei ihm landet,
für den gilt: Das Gute bleibt! Und noch mehr: Das gute
Leben wird real erfahrbar. Jesus lädt nicht nur einmal, sondern tagtäglich dazu ein, zu prüfen und zu erleben, ob sein
Wort trägt und hält.

„PRÜFT ALLES ..." – WIE PRÜFT MAN IN ETHISCHEN FRAGEN?

Stefan Jäger

Christliche Ethik ist schön. Sie ist schön, weil sie etwas von der Liebe und dem Glanz Gottes in dieser Welt widerspiegelt. Sie ist lebensfördernd und heilvoll. Sie sucht „das Gute, Wohlgefällige und Vollkommene" (Römer 12,2). Es geht dabei um gelingendes Leben aus den Quellen des Glaubens. In den Spannungsfeldern unseres Lebens ist Ethik aber auch oft herausfordernd, kontrovers – und immer im Prozess. Die Jahreslosung fordert uns deshalb auf, alles zu prüfen und das Gute zu behalten. Auch wenn es ethische Grundlagen und Leitlinien gibt, ist nicht immer im Voraus klar, was das Gute in einer konkreten Situation ist und wie es umzusetzen wäre. Im Neuen Testament finden wir einige Stellen, die von diesem Prüfen (griech. dokimazein) sprechen. Dazu gehören neben der Jahreslosung vor allem Römer 12,2 „... damit ihr prüfen könnt, was der Wille Gottes ist"; Philipper 1,9 „... damit ihr prüfen könnt, was das Beste sei" und Epheser 5,10 „Prüft, was dem Herrn wohlgefällig ist." (Vgl. auch 1. Johannes 4,1!) Ein verwandter Begriff ist der des Unterscheidens (griech. diakrinein, vgl. 1. Korinther 14,29). Wie aber geschieht dieses Differenzieren und Prüfen? Welche Voraussetzungen sind nötig? Anhand welcher Kriterien wird geprüft? Und wie kann so ein Prozess des Prüfens konkret ablaufen?

1. Die Frage nach dem guten Leben in Philosophie und Religion

Das Gute ist ein Grundbegriff der Ethik. Als Theorie vom guten Leben muss Ethik zuerst die Frage beantworten, was eigentlich mit „gut" gemeint ist. Was ist das Gute, das verwirklicht werden soll? Wie kann man es erkennen? Und (wie) können wir es verwirklichen? Die Antworten fielen und fallen dabei sehr unterschiedlich aus. Für den griechischen Philosophen Aristoteles (384–322 v. Chr.) ist das Gute das „Glück", das Eudaimonion (eudaimonistische Ethik). Glück ist dabei nicht zu verwechseln mit dem Streben nach individueller Lustbefriedigung (Hedonismus) oder einzelnen Glücksmomenten. Für Aristoteles sind wir vernunftbegabte und soziale Wesen, die auf Erfüllung ihres Potentials angelegt sind. Dieses Potential wird durch Tugenden wie Gerechtigkeit, Weisheit, Tapferkeit und Besonnenheit entfaltet und so das Glück erlangt. Thomas von Aquin (1225–1274) knüpft an Aristoteles an und ergänzt die Tugenden durch Glaube, Hoffnung und Liebe (1. Korinther 13,13), die uns zu Gott als dem höchsten Gut (summum bonum) führen.

Für den Utilitarismus (Nützlichkeitsprinzip) gilt das größtmögliche Glück für die größtmögliche Anzahl von Menschen als Ziel. Gut ist, was diesem Ziel quantitativ

und/oder qualitativ dient (hedonistisches Kalkül). Doch
was der Mehrheit zum „Glück" dient oder ihren jeweiligen
Interessen entspricht, kann für eine Minderheit nachteilig
oder sogar leidvoll sein. Wie auf diese Weise allen Menschen Gerechtigkeit zuteilwerden soll, ist dabei ein Problem. Zudem ist gar nicht einfach zu entscheiden (und wer
würde es entscheiden?), was das größtmögliche Glück für
die meisten Menschen wäre.

Für Immanuel Kant (1724–1804) stellt sich die Glück-
seligkeit ein, wenn ein Mensch seine moralische Pflicht
erfüllt. Ein universelles moralisches Gesetz, das durch Vernunft erkennbar und im Gewissen bezeugt ist, zeigt uns
unsere Pflicht auf – das, was wir tun sollen (deontologische
Ethik). In seinem berühmten „Kategorischen Imperativ"
formuliert er: „Handle so, dass die Maxime deines Han-
delns zugleich als Prinzip einer allgemeinen Gesetzgebung
gelten könnte." Das erinnert an die so genannte „Goldene
Regel", die wir in ihrer sprichwörtlichen Fassung aus dem
Buch Tobit 4,15 kennen: „Was du nicht willst, das man dir
tu, das füg auch keinem andern zu!" (Luther 2017). Diese Handlungsmaxime findet sich auch in anderen Religionen wie z. B. im Konfuzianismus: „Was du selbst nicht
wünschst, füge andern nicht zu." (Konfuzius Gespräche
12,2; vgl. 5,12 und 15,24!) Bei Jesus wird diese negative
Formulierung in eine positive, proaktive verändert: „Alles
nun, was ihr wollt, dass euch die Leute tun sollen, das tut
ihr ihnen auch." (Matthäus 7,12; Lukas 6,31) Jesus sieht darin auch das ganze Gesetz (die Torah) und die Propheten,
den in der Hebräischen Bibel geoffenbarten Gotteswillen,
zusammengefasst.

In einem Basistext des Buddhismus wird ähnlich wie in 1. Thessalonicher 5,21 f auch der Gegensatz von Gut und Böse aufgenommen: „Höre auf Böses zu tun / Wende dich dem Guten zu / Läutere Herz und Geist: / Dies ist die Lehre des Buddha." (Dhammapada Strophe 183). Gut ist in diesem Fall, was dem Heilsziel des Erwachens dient. Böse ist das, was es verhindert, wie vor allem Gier, Hass, Verblendung und den daraus folgenden unheilvollen Gedanken, Worten und Taten.

2. Gott und das Gute

Nach biblischem Verständnis ist Gott gut, ja, er ist die Güte selbst (der Grundgütige). Als Schöpfer ist er die Quelle und der Geber alles Guten. Martin Luther leitet in seinem Großen Katechismus (1529) in der Erklärung zum Ersten Gebot den Begriff „Gott" sogar von „gut" ab: „…dass wir Deutschen ‚Gott' mit eben diesem Namen von alters her nennen – feiner und treffender als irgend eine andere Sprache – nach dem Wörtlein ‚gut', weil er ein ewiger Quellbrunn ist, der von lauter Güte überfließt und von dem alles, was gut ist und gut heißt, ausfließt." Für theologische Ethik ergibt sich die Kenntnis des Guten aus der Erkenntnis Gottes. Um Gott zu erkennen, sind wir aber darauf angewiesen, dass er sich selbst uns zu erkennen gibt – theologisch gesprochen: auf Offenbarung.

Darin unterscheidet sich christliche Ethik von einer Naturrechtsethik, die aus der vorfindlichen Natur ethische Werte ableitet, oder von einer solchen Situationsethik, in der die Kriterien für ethisches Handeln allein aus einer konkreten Situation gewonnen werden sollen. Und so sehr Ethik den Diskurs braucht, wäre eine Diskursethik, in der ethische Werte und Entscheidungen nur durch einen Aushandlungsprozess zustande kommen, riskant und nicht zielführend, da Diskurse immer durch Macht bestimmt sind (Michel Foucault).

Aber wie offenbart sich Gott? Der Begriff Schöpfung sagt, dass Gott der Urheber allen Lebens ist, dem wir auch unser Leben zu verdanken haben. Bei ihm ist die „Quelle des Lebens" (Psalm 36,10). Gott ist ein „Liebhaber des Lebens" (Weisheit 11,26). In seinem berühmten Vortrag von 1952 entfaltet Albert Schweitzer eine Ethik der „Ehrfurcht vor dem Leben". In der Ehrfurcht vor dem Leben sieht er das „Grundprinzip der Ethik", das ganz dem Grundsatz der Liebe entspreche. Zur Schöpfung gehört, dass wir als Menschen zu Gottes Ebenbild geschaffen sind (1. Mose 1,27). Damit ist uns eine Würde verliehen, die wir uns selbst nicht geben können, die uns deshalb auch niemand nehmen kann. Das hat seinen Niederschlag auch in Artikel 1 unseres Grundgesetzes gefunden: „Die Würde des Menschen ist unantastbar." Dass uns diese Schöpfung und das Leben anvertraut sind, ist Gabe und Aufgabe zugleich.

In der Geschichte hat sich Gott dem Volk Israel als der Gott offenbart, der es aus der Knechtschaft in Ägypten befreit und einen Bund mit ihm geschlossen hat. Da diese Freiheit in der Gemeinschaft mit Gott immer wieder bedroht ist, hat Gott seine Gebote gegeben (Dekalog als Mitte der Torah), um nicht wieder in Unfreiheit und Abhängigkeiten zu geraten. Freiheit ist daher ein zentraler Wert und ein Grundmotiv des Glaubens auch im Neuen Testament: „Zur Freiheit hat uns Christus befreit." (Galater 5,1). Diese Aussage steht bei Paulus im Zusammenhang der Ethik. Freiheit bewährt sich in einem Christus gemäßen Leben, das durch den Heiligen Geist ermöglicht wird.

Vor allem hat sich Gott in seinem Wort geoffenbart, durch das bereits Natur als Schöpfung und Geschichte als Gottes Handeln gedeutet wird. Die zentrale Forderung der Propheten des Ersten Testaments ist die Gerechtigkeit, denn „der Herr ist gerecht und hat Gerechtigkeit lieb" (Psalm 11,7). Diese Gerechtigkeit besteht vor allem in der barmherzigen Hinwendung zum Nächsten. „Es ist dir gesagt Mensch, was gut ist und was der Herr von dir erwartet: Nichts anderes als dies: Recht tun, Güte lieben und achtsam mitgehen mit deinem Gott." (Micha 6,8 EÜ).

Ebenso ist Frieden ein zentraler Wert, der auf Gott selbst zurückgeführt wird, denn Gott ist „ein Gott des Friedens" (1. Korinther 14,33; 1. Thessalonicher 5,23; Hebräer 13,20). Alle diese Aspekte setzen voraus, dass wir in einer gefallenen Schöpfung leben, die unter dem Vorzeichen der Sünde steht, einer Leben und Gemeinschaft, Freiheit und Frieden zerstörenden Macht.

Unüberbietbar hat sich uns Gott durch Jesus Christus geoffenbart, dem Mensch gewordenen Wort Gottes (Johannes 1,1.14; vgl. die erste These der Barmer Theologischen Erklärung), wie es uns in der Heiligen Schrift bezeugt ist. Gottes bedingungslose Liebe zeigt sich darin, dass er uns durch Christus mit sich versöhnt und Frieden mit uns geschlossen hat, als wir noch seine Feinde waren (Römer 5,1–11). Denn „Gott ist Liebe" (1. Johannes 4,8.16).

Daher ist die Liebe auch das höchste Gebot (Markus 12,29–31) und die Erfüllung des Gesetzes (Römer 13,10; Galater 5,14; 1. Timotheus 1,5; Jakobus 2,8). Diese Liebe gilt nach Jesus sogar dem Feind (Matthäus 5,44; Lukas 6,27; vgl. Römer 5,10). Die Liebe ist nach Paulus die eigentliche Gabe des Geistes (Römer 5,5; 1. Korinther 13; Galalter 5,22), der der Geist der Liebe ist (2. Timotheus 1,7).

Damit haben wir einige grundlegende Kriterien christlicher Ethik, die dem Wesen und Willen Gottes als dem Guten entsprechen, und aus denen konkrete Fragen für das Prüfen bei ethischen Entscheidungen formuliert werden können:

- Dient es dem Leben?
- Entspricht es der Gerechtigkeit?
- Wird Freiheit gefördert und Würde gewahrt?
- Erhält es den Frieden oder stellt ihn wieder her? Wie kann Versöhnung geschehen?
- Geschieht es in der Liebe?

In der konkreten ethischen Situation kann es dennoch schwierig sein, eine gute Entscheidung zu treffen – besonders in Konfliktsituationen, wenn Güter gegeneinander abgewogen werden müssen, z. B. im Kriegsfall oder bei begrenzten medizinischen Ressourcen.

3. Christliche Ethik sucht das Zentrum und nicht die Peripherie

Wie viel einfacher wäre es, man hätte für jeden konkreten Fall (Kasus) eine bestimmte Bibelstelle, die einem das Prüfen und verantwortliche Entscheiden abnehmen würde. Das wäre das Modell einer kasuistischen Ethik. Abgesehen davon, dass es viele ethische Fragen gibt, die in der Bibel nicht vorkommen (z. B. ob man Atomkraft nutzen oder wie man mit Künstlicher Intelligenz umgehen sollte) und auch in der Bibel selbst ethische Fragen durchaus nicht nur eindeutig behandelt werden, wäre so ein biblizistischer Umgang mit der Heiligen Schrift auch theologisch unsachgemäß. Zum einen, weil der jeweilige historische und gesellschaftliche Kontext und die entsprechende Intention / Aussageabsicht biblischer Aussagen nicht beachtet würden. Zum anderen führt die Frage, was als Christ / in (noch) erlaubt ist, zu einem Regelkatalog, der notwendigerweise nur eine bestimmte Auswahl von ethischen Verhaltensweisen umfassen kann. Ethik wird eher dadurch motiviert, noch auf der sicheren Seite zu sein, aber dennoch die Grenzen möglichst auszuloten. Der „alte Mensch" bleibt dabei ganz bei sich selbst (in der Entfremdung) und der Gegensatz von Heteronomie (Fremdgesetzlichkeit) und Autonomie (Selbstgesetzlichkeit) wird sogar vertieft.

In den Evangelien lesen wir, wie Jesus in seinen Antworten die Menschen immer vor das Angesicht Gottes, coram Deo, gestellt und sie auf diese Weise mit der grundlegenden Sinnrichtung ihres Lebens konfrontiert hat. So z. B. den Reichen Jüngling (Markus 10,17–22), den Mann, der wegen Erbstreitigkeiten zu Jesus kommt (Lukas 12,13–15), oder die Ankläger der Ehebrecherin (Johannes 8,2–11) u. v. a. Jesus geht es dabei um unser Herz (vgl. das höchste Gebot) und nicht um einen fremdbestimmten Gehorsam als Mittel zu einem Zweck. Man kann das auch als theonome Ethik bezeichnen, in der wir in eine Lebensübereinstimmung mit Gottes Willen kommen, weil wir mit ihm in Gemeinschaft leben.

Auch der Apostel Paulus, der durchaus ethische Konkretionen in seinen Briefen geben kann, geht von der ganzheitlichen Gottesbeziehung aus, welche die Voraussetzung für ethisches Prüfen bildet. Das macht er besonders in den Versen Römer 12,1 f deutlich, die auch als Präambel christlicher Ethik bezeichnet wurden. „(1) Ich ermahne euch nun, Brüder und Schwestern, durch die Barmherzigkeit Gottes, dass ihr euren Leib hingebt als ein Opfer, das lebendig, heilig und Gott wohlgefällig sei. Das sei euer vernünftiger Gottesdienst (logikēn latreian). (2) Und stellt euch nicht dieser Welt gleich (mē syschematizesthe tō aiōni toutō), sondern lasst euch verändern (metamorphousthe) durch Erneuerung eures Sinnes (nous), auf dass ihr prüfen (dokimazein) könnt, was Gottes Wille ist, nämlich das Gute und Wohlgefällige und Vollkommene."

Die Barmherzigkeitserweise Gottes bilden den Anfang und die Grundlage jeder christlichen Ethik. Damit fasst Paulus das zusammen, was er in den Kapiteln 3–11 des Römerbriefes als Gerechtigkeit Gottes entfaltet hat. Gerechtigkeit Gottes ist dabei seine unverbrüchliche Beziehungstreue, die sich gerade darin zeigt, dass er uns, abgesehen von der Forderung des Gesetzes, aus Gnade um Christi Willen allein durch den Glauben seine Gerechtigkeit schenkt. Ethik ist daher Antwort auf die geschenkte Gerechtigkeit, die nicht durch unsere Anstrengung entsteht. Der Imperativ (die Forderung) folgt aus dem Indikativ (der Zusage) und nicht umgekehrt. Wir tun nicht deshalb Gutes, damit Gott uns gut ist, sondern weil Gott uns gut ist, wollen wir Gutes denken, reden und tun. Es geht in der Ethik also nicht um Heilsfragen. Sie ist vielmehr die dankbare Antwort unseres Lebens auf Gottes heilvolles Handeln an uns – nicht deren Voraussetzung oder bleibende Bedingung. Nur so ist auch Heilsgewissheit möglich, wie sie Paulus in Römer 8,31–39 formuliert.

Dass evangelische Ethik immer unter dem Vorzeichen der Rechtfertigung steht, ist auch für konkrete Entscheidungen und Vollzüge relevant, da diese unter den Bedingungen unserer menschlichen Begrenzungen nie perfekt sein können und häufig ambivalent bleiben. Auch die Aussage Jesu in der Bergpredigt „Darum sollt ihr vollkommen sein, wie euer himmlischer Vater vollkommen ist" (Matthäus 5,48) bedeutet keinen moralischen Perfektionismus, sondern die ganze, ungeteilte („vollkommene", im Hintergrund steht das hebräische tamim) Barmherzigkeit gegenüber allen Menschen, unabhängig davon, ob sie es verdient hätten oder nicht (vgl. den Kontext). Der Heidelberger Katechismus weiß darum, dass „auch die frömmsten Menschen in diesem Leben über einen geringen Anfang dieses Gehorsams nicht" hinauskommen. „Wohl aber beginnen sie mit fester Absicht …" (Frage 114). Unsere Erkenntnis bleibt auch in ethischen Fragen Stückwerk (1. Korinther 13,9). Auch unsere Zeit und Kraft sind begrenzt. Wir kennen nie alle Faktoren und können die Nebenwirkungen und Langzeitfolgen einer Entscheidung oft nur sehr bedingt abschätzen. Deshalb ist es wichtig, ethische Entscheidungen anhand ihrer praktischen Folgen, in veränderten Situationen oder aufgrund neuer Informationen zu überprüfen und wenn nötig zu korrigieren. Auch mit dieser „Imperfektibilität" (Rochus Leonhardt) ist ethisch umzugehen. Im Zweifel daher immer für die Barmherzigkeit, denn „die Barmherzigkeit triumphiert über das Gericht" (Jakobus 2,13). Theologisch gesprochen: In Christus sind wir bereits eine neue Schöpfung (2. Korinther 5,7) und warten doch auf einen neuen Himmel und eine neue Erde (Offenbarung 21). Das Reich Gottes ist in Jesus schon nahegekommen und doch steht seine Vollendung noch aus und wir beten im Vaterunser um sein Kommen. Unser Lebensvollzug ist eingespannt zwischen ein „Schon-Jetzt" und dem „Noch-Nicht". Deshalb bleibt Ethik auch spannend.

Unter dem Vorzeichen der Rechtfertigung nennt Paulus nun in Römer 12,1 f Voraussetzungen, um prüfen zu können, was der Wille Gottes ist. Es ist (1.) die alle Aspekte unseres Lebens umfassende Orientierung an Gott, verstanden als ganzheitlicher und vernünftiger Gottesdienst.

Mit der zweiten Aussage (2.): „Stellt euch nicht dem Schema dieses Äons / dieser Weltzeit gleich" ist weder eine Weltflucht gemeint noch eine Fundamentalopposition. Vielmehr geht es darum, das Vorletzte nicht mit dem Letzten zu verwechseln, denn „das Wesen (schēma) dieser Welt vergeht" (1. Korinther 7,31b; vgl. 1. Johannes 2,17). Im Glauben haben wir einen Standort, der uns eine innere Unabhängigkeit gegenüber den vorfindlichen Strukturen ermöglicht. Christliche Ethik kennt insofern keine Sachzwänge, keine Eigengesetzlichkeit von Strukturen dieser Welt, die einfach als gegeben hinzunehmen wären. Sie ist vielmehr von der Zukunft des Reiches Gottes her motiviert und gewinnt auch von diesem heilvollen Ziel her Kriterien: Liegt etwas in der Fluchtlinie der Absicht Gottes? Kommt etwas diesem Ziel näher oder nicht? Beispiele für solche ethischen Entwicklungen sind z. B. die Abschaffung der Sklaverei, die auch im Neuen Testament noch als selbstverständlich erwähnt wird, die Abschaffung der Todesstrafe oder die Gleichberechtigung der Geschlechter (vgl. Galater 3,28).

Und schließlich (3.) geht es um eine Veränderung, in der unsere Vernunft erneuert wird. Die Verbform weist darauf hin, dass es Gott selbst ist, der diese Verwandlung und Erneuerung unserer Intentionen und unseres Denkens bewirkt. Dadurch werden wir in die Lage versetzt, zu prüfen, was der Wille Gottes ist.

Welche konkreten Schritte können dazu hilfreich sein?

4. Praktische Hinweise

Der evangelische Ethiker Heinz Eduard Tödt hat bereits 1977 sechs Aspekte formuliert, wie man zu einer ethischen Urteilsbildung kommen kann. In der Folge wurde dieses Schema immer wieder aufgenommen und leicht modifiziert weiterentwickelt. Nach Tödt geht es zunächst darum (1.), ein Problem wahrzunehmen. Worum geht es eigentlich, worin genau besteht das ethische Problem? Dann ist (2.) die Situation genau zu analysieren. Dazu gehört wesentlich Sachkenntnis, die möglichst viel relevante Fakten zur Kenntnis nimmt und gewichtet. Danach kann (3.) geprüft werden, welche Verhaltensoptionen und Alternativen zur Verfügung stehen. Der entscheidende vierte Schritt (4.) prüft dann die ethischen Normen (was ist das Gute, das verwirklicht werden soll?). Unter Berücksichtigung aller Ergebnisse gilt es dann (5.), eine Entscheidung zu treffen. Bei dieser Entscheidung kommt es zur Übernahme von Verantwortung, die auch bereit ist, die Konsequenzen einer Entscheidung zu tragen. Schließlich (6.) muss eine ethische Entscheidung auch rückblickend geprüft und nötigenfalls korrigiert werden.

Dazu ergänze ich noch 4 Gs als Erläuterung und Weiterführung im Prozess des Prüfens. Die Normenfrage stellt die Frage nach dem Gebot(enen). Sie wird in christlicher Ethik bestimmt durch die Heilige Schrift, die als Kanon (= Richtschnur) der Maßstab für Lehre und Leben ist (vgl. Abschnitt 2 oben). Dazu gehören eine gründliche Exegese und hermeneutische Reflexion.

Auch das Gewissen spielt in ethischen Entscheidungen eine Rolle. Auf dem Weg zur Freiheit des Gewissens, die auch in unserer Verfassung (GG Art. 4) verankert und garantiert ist, spielte die Reformation eine wesentliche Rolle. Allerdings war es für Luther gerade die Heilige Schrift (sola scriptura), an die er sich in seinem Gewissen gebunden wusste. Das Gewissen ist nicht die „Stimme Gottes im Menschen", sondern sozial und kulturell geprägt. Einerseits gilt, dass wir nicht gegen unsere Gewissensprägung handeln sollen. Auch ist auf ein anders geprägtes Gewissen Rücksicht zu nehmen (1. Korinther 8). Andererseits ist es wichtig, am Wort Gottes geübte und geschärfte „Sinne" zu entwickeln, um Gutes und Böses unterscheiden zu können (Hebräer 5,14). Jede/r kann sich selbst die eigenen Wert-

und Moralvorstellungen bewusst machen und sich fragen, inwiefern sie mit biblischen Werten übereinstimmen oder nicht. Wo schlägt mein Gewissen an und wo nicht? Wo ist meine Gewissensprägung bestimmt von meiner Biografie, Sozialisation, Kultur, Gemeindeprägung etc. und weniger von Christus?

Ethisches Prüfen ist nach dem Neuen Testament eine Gemeinschaftsaufgabe (es ist immer die ganze Gemeinde angesprochen) und erfordert das Gespräch. In ethischen Fragen gibt es unterschiedliche Prägungen, Erfahrungen und Überzeugungen, die in den Diskurs eingebracht werden. Auch hier gilt die Einsicht im Buch der Sprüche (Sprüche 18,13.17): „Wer antwortet, ehe er hört, dem ist's Torheit und Schande. [...] Ein jeder hat zuerst in seiner Sache recht; kommt aber der andere zu Wort, so findet sich's." Dazu gehört die Bereitschaft und Fähigkeit zu hören (Jakobus 1,19), den eigenen Standpunkt zu hinterfragen und womöglich zu korrigieren. Und wenn es sich (noch) nicht findet, gilt es gerade bei unterschiedlichen ethischen Überzeugungen einander den Glauben zu glauben und nicht abzusprechen. Denn jeder steht und fällt seinem Herrn (Römer 14,4; 2. Korinther 5,10).

Last but not least gehört zur ethischen Entscheidungsfindung das Gespräch mit Gott. Jakobus empfiehlt das Gebet um Weisheit, wo sie uns mangelt (Jakobus 1,5; vgl. auch Psalm 86,11). Wir beten auch um den Heiligen Geist und sein leitendes Wirken (Lukas 11,13b; Römer 8,14; Johannes 16,13). Paulus betet für die Gemeinde, dass ihre Liebe an Erkenntnis und Erfahrung reicher werde, damit sie prüfen kann, worauf es ankommt. Damit in unserem

Leben Gerechtigkeit zum Austrag kommt und etwas von Gottes Glanz in dieser Welt aufleuchtet (Philipper 1,9-11).

Literatur zur Weiterarbeit:

Thorsten Dietz/Tobias Faix: Transformative Ethik. Wege zum Leben, Neukirchen-Vluyn 2021.

Timothy J. Geddert: Verantwortlich leben. Wenn Christen sich entscheiden müssen, 2. *überarb.* Aufl., Schwarzenfeld 2007.

Wilfried Härle: Ethik, 2. *überarb.* u. aktual. Aufl., Berlin/ Boston 2018.

Otfried Höffe: Lexikon der Ethik, 7., neub. u. erw. Aufl., München 2008.

Rainer Kessler: Der Weg zum Leben. Ethik des Alten Testaments, Gütersloh 2017.

Mathias Konradt: Ethik des Neuen Testaments (GNT 4), Göttingen 2022.

PRÜFEN IM ZEITALTER VON KÜNSTLICHER INTELLIGENZ

Sem Dietterle

Der Physiker Stephen Hawking schreibt in seinem letzten Buch im Jahr 2018: „Das Aufkommen superintelligenter KI (Künstlicher Intelligenz) wäre entweder das Beste oder das Schlimmste, was der Menschheit passieren kann." Ich bin froh, dass es nicht nur diese zwei Optionen gibt, sondern dass wir künstliche Intelligenz vielfältig nutzen können und es an uns liegt, wie wir sie einsetzen. Einige Menschen meiden das Thema völlig. Sie folgen dabei dem Gebot „Meidet das Böse in jeder Gestalt" (1. Thessalonicher 5,22), was sie als ihre Pflicht ansehen. Den meisten ist aber klar, dass diese Technologie gekommen ist, um zu bleiben. Das Thema ist schon längst in unserer Gesellschaft angekommen und dennoch beginnen wir am Anfang mit dem „Prüfen", wie es uns Paulus vorschreibt.

Sience-Fiction oder Realität?

Wenn wir über Künstliche Intelligenz sprechen, stellt uns das vor eine große Herausforderung, da die neue Technologie in sehr vielen Lebensbereichen und Themenfeldern eingesetzt wird. Manche Dinge, die sich in der KI-Welt ausgemalt werden, sind aktuell nur „Gedankenschlösser" und noch nicht machbar. Der Sprachphilosoph John Robert hat die Unterscheidung zwischen starker und schwacher KI vorgeschlagen, die sich gemeinhin durchgesetzt hat.

Eine starke KI ist bisher nur Science-Fiction. Es ist die Superintelligenz, die völlig autonom „lebt", eigenmächtig Entscheidungen treffen kann und sich durch ständiges Lernen weiterentwickelt. Es ist ein System, das keine menschliche Hilfe mehr benötigt um zu funktionieren.

Eine schwache KI existiert schon längst. Die Systeme werden eingesetzt für ganz spezielle Aufgaben mit klaren Rahmenbedingungen und die Kontrollen durch Menschen. Es sind KI-Systeme mit der Aufgabe, ihren spezifischen Arbeitsbereich mit dem Sammeln und Auswerten von Daten zu optimieren. Sie assistieren dem Menschen und können helfen, Probleme zu lösen oder Aufgaben auszuführen.

Wir sehen den Einsatz schon in alltäglichen Dingen. Egal, ob wir „Alexa", Suchmaschinen, Social Media, Fahrassistent im Auto oder die Gesichtserkennung unserer Fotoapp auf dem Handy nutzen – wir setzen damit schon KI ein. Und da merken wir schnell, dass uns in vielen Bereichen die Frage abgenommen wird, ob wir künstliche Intelligenz nutzen wollen oder nicht. Sie steckt ohnehin in schon so vielen Dingen.

Prüfen

Muss uns Paulus überhaupt auffordern, künstliche Intelligenz in Frage zu stellen und zu prüfen? Glaubt man dem Techniksoziologen Thomas Rampe, hat die Akzeptanz und das Maß an Prüfung von technischen Innovationen sehr viel damit zu tun, in welcher Kultur wir leben. Im Kontext von Robotern, die mithilfe von Künstlicher Intelligenz funktionieren, zählt er die unterschiedlichen Betrachtungen auf. In Amerika seien Roboter Diener, in China Kollegen, in Japan sogar Freunde und in Europa Feinde. Vielleicht sind wir ohnehin schon sehr skeptisch gegenüber den neuen undurchsichtigen Technologien und brauchen nicht die Aufforderung, sondern den Mut zu einer Prüfung, um das Gute darin zu finden. Das Ziel von Paulus ist, dass wir am Ende das Gute gefunden haben und behalten können. Wir sehen also, die öffentliche Wahrnehmung von KI beeinflusst maßgeblich, wie Technologien aufgenommen und integriert werden. Denn dabei werden wir feststellen, dass das Prüfen so ganz anders verläuft, als wir uns das vorstellen.

Vom Widerstand zur Akzeptanz – gesellschaftlich überprüft?

Sobald eine neue technologische Entwicklung auf die Menschheit losgelassen wird, durchläuft sie eine Art gesellschaftliche Prüfung. Der Weg vom ersten Kennenlernen bis zur vollständigen Integration in unser Leben beschreibt Everett M. Rogers in 5 Schritten. Ich werde dies am Beispiel Smartphone ausführen.

Wissen: Die Firma Apple veröffentlicht das erste Smartphone mit großem Aufsehen.

Überzeugung: Die Vorteile des iPhones werden betont, so wird Interesse geweckt.

Entscheidung: Die Ersten entscheiden sich, die Neuheit zu verstehen, und prüfen, welches Potential und welche Chancen darin stecken.

Ausprobieren: Die ersten Menschen kaufen sich ein Smartphone und testen es im Alltag.

Bestätigung: Nachdem die Erfahrung positiv ausfällt, wird entschieden, das Smartphone dauerhaft zu nutzen.

Diesen Weg durchliefen wir Menschen bei sämtlichen Neuerungen wie dem Zugfahren, beim Fliegen mit Flugzeugen, dem Telefon, Social Media und vielem mehr. Bei dem Thema Social Media habe ich selbst oft erlebt, dass große Kritiker sich nach einer Zeit des Verweigerns doch ein Smartphone kaufen. Dennoch ist uns die Gefahr klar: Nur weil viele oder eine Mehrheit etwas nutzen, ist es noch lange nicht das Gute für die Menschen. Vereinfacht gesagt ist diese aufgeführte Prüfung eine pragmatische. Wenn es den Menschen hilft und sie daraus Vorteile für ihr Leben ziehen können, so kann es etabliert werden. Eine ethisch theologische Prüfung ist dabei noch nicht beachtet worden, wie wir nun sehen werden.

Zu viel Veränderung verhindert gute Prüfung

Wie so oft entwickeln sich die Technologien schneller als die Ethik, die sie durchdringen sollte. Bei großen und schnellen Veränderungen hinken die Kirchen, aber auch die Menschheit im Allgemeinen, der Technologie hinterher. Die KI bringt eine vielfältige Veränderung in unsere Gesellschaft, die zu viele Bereiche betrifft. Gerade im ethischen Bereich sind noch viele Fragen zu klären. Da sind der Aspekt der Nachvollziehbarkeit von KI-Ergebnissen, die Fairness von KI, Datenschutz, Missbrauchsmöglichkeiten, die vielen Risiken autonomer Systeme, der Bereich der KI-Robotik und vieles mehr. Wir befinden uns mitten in einer Entwicklung, die einen multiplen Wandel für unsere Gesellschaft darstellt. Die Auswirkungen werden wir erst in einigen Jahren sehen. Bei der Einführung von Social Media war ebenfalls lange nicht klar, welche Auswirkungen sie haben würden. Auch wenn es Vorahnungen gab, war die tatsächliche Entwicklung nicht vorhersehbar. Erst in den letzten Jahren zeigen Studien, was diese technologische Entwicklung tatsächlich mit uns Menschen macht, wie sie sich langfristig auf unsere Psyche auswirkt und wie Kinder, die mit dieser Technologie aufwachsen, schon früh psychische Probleme bekommen[6]. Daher werden wir erst in einigen Jahren oder Jahrzehnten wirklich verstehen, welche Auswirkungen der Einsatz von KI haben wird. Heute können wir vieles nur vermuten. So geht der Ökonom Scott Galloway davon aus, dass die Nutzung von

6   Research von Jonathan Haidt für sein Buch „Generation Angst" im Original „The Anxoius Generation": https://www.anxiousgeneration.com/research/the-evidence (zuletzt abgerufen am 17.6.2024).The Impact of Social Media on the Mental Health of Adolescents and Young Adults: A Systematic Review: https://www.ncbi.nlm.nih.gov/pmc/articles/PMC10476631/ (zuletzt abgerufen am 17.6.2024).

KI zu einer verstärkten Einsamkeit der Menschen führen könnte. Mit KI-Robotern oder KI-Systemen auf Smartphones finden die Menschen Gesprächspartner, die stets unkompliziert und geduldig sind und sich per Knopfdruck an- und ausschalten lassen. Schon heute gibt es bei Snapchat einen integrierten KI-Chatbot, mit dem sich junge Menschen täglich unterhalten und austauschen. Galloway vermutet daher, dass sich viele Menschen noch mehr isolieren und echte soziale Kontakte immer seltener werden. Gerade diese Beobachtungen sind wichtig, damit die KI-Entwicklung begleitet wird durch die Sicht der christlichen Perspektive. Mein Wunsch ist es, dass die Theologie einen maßgeblichen Einfluss auf die KI-Technologie ausübt. Auch wenn dies derzeit noch Wunschdenken ist.

Meide das Böse

Die Jahreslosung sowie der darauffolgende Vers beinhalten die Aufforderung, das Böse zu meiden, sofern es dem Geist Gottes widerspricht. C. S. Lewis hat in seinem Buch „Die Abschaffung des Menschen" einen sehr treffenden Beitrag zu unserem Thema verfasst, auch wenn er sich damals nicht ausmalen konnte, wie wir heute mit Künstlicher Intelligenz umgehen. Er schreibt: „Wenn ein Mensch neue Macht in die Hände bekommt, übt er damit auch immer Macht über andere Menschen aus. Jeder Fortschritt macht den Menschen gleichzeitig stärker und schwächer." Auch manche Ideen der Tech-Vordenker sollten kritisch hinterfragt werden, wenn sie den Tod als ein rein technisches Problem ansehen, das mithilfe von KI überwunden werden kann. Das wirft ganz viele Fragen auf: Was ist der Mensch? Wie gehen wir mit dem Sterben um? Als Christen sind wir darum aufgefordert, uns eine Meinung zu den neuen Technologien zu bilden und diese zu vertreten. Insbesondere wenn sie essenzielle Fragen des Lebens und Glaubens betreffen.

Behalte das Gute

Das Thema KI ist sehr vielschichtig, und eine Gefahr besteht sicherlich darin, es generell abzutun. Das Gute scheint nur dann erhalten werden zu können, wenn mit dem Schlechten auch gelebt wird. Dies kann zu dem Gefühl führen, einen Kompromiss mit dem Bösen zu schließen. In der Tat ist eine Einteilung in das Beste oder das Schlechte nicht möglich. Trotzdem gibt es gute Gründe, sich dieser neuen Technologie zuzuwenden. Ein Leben inmitten von Kompromissen zeigt uns die Bibel an Daniel. Er lebt unter einem Herrscher, der sich für göttlich hält. Daniel wird von Nebukadnezar in einen Lebensraum gestellt, der aus seiner Sicht alles andere als gut ist. John Lennox, ein bekannter Mathematikprofessor an der Universität Oxford, hat diesen Gedanken in seinem Buch „2028 – Künstliche Intelligenz und die Zukunft der Menschheit" weiterentwickelt. Den KI-Großkonzernen kann auch vorgeworfen werden, dass sie die Herrschaft über die Menschen ausüben, indem sie deren Daten nutzen und verwerten. Indem sie ihre trainierten Daten wiederum den Massen zur

Verfügung stellen, gewinnen sie Macht und beeinflussen die Gesellschaft. Wir leben bereits in einer Welt, die zunehmend von Künstlicher Intelligenz beeinflusst wird, im Guten wie im Schlechten. Aber Daniel akzeptiert diesen Kompromiss unter Nebukadnezar und macht sogar Karriere unter einem Herrscher, der Daniels Gott nicht duldet. Dabei bewahrt er sich und seinen Glauben. So sollen wir auch in der technologisierten Welt leben, den Mut haben die Angebote der Großkonzerne zu nutzen und darin als Christen unterwegs sein.

Auch Paulus ermutigt uns in der Jahreslosung, das Gute zu suchen in einem Umfeld voller Risiken und Gefahren. Dabei sind wir angewiesen auf den Geist Gottes, den wir in diesem schwierigen Gebiet unbedingt brauchen, um den Auftrag Gottes in dieser Welt auszuführen.

Wie Gemeinden von KI profitieren

Im Folgenden werden einige der Chancen der KI für unsere Gemeinden betrachtet. Einige davon sind bereits aktuell. Sie werden in Zukunft noch an Bedeutung gewinnen, wenn sich die KI-Welt weiterhin so schnell entwickelt. Ich bin davon überzeugt, dass KI in Zukunft eine entscheidende Rolle bei der Unterstützung von Gemeinden spielen wird. Längst ist zu beobachten, dass viele hauptamtliche Stellen nicht besetzt werden können, weil es an theologisch ausgebildeten Menschen fehlt. Gleichzeitig müssen die Hauptamtlichen immer mehr Aufgaben in immer kürzerer Zeit erledigen. Auch das ehrenamtliche Engagement ist stellenweise überlastet, in manchen Gemeinden fehlt es an Mitarbeitenden. Dennoch ist es unser Ziel, dass Kirchen gesund wachsen, bestehen bleiben und sich weiterentwickeln. Daher zeige ich an ein paar beispielhaften Punkten, wie KI unsere Gemeinden unterstützen kann und welchen Gewinn ich darin sehe.

Effizienz und Entlastung: Schon heute ist es möglich, dass uns so genannte Sprachmodelle Textbausteine für eine Andacht, eine Predigt oder einen Newsletter liefern und Denkanstöße geben. Ein Pastor erzählte mir, wie hilfreich ihm eine KI ist im Liefern von guten Predigtbeispielen oder Visualisierungen, da es ihm sonst sehr schwerfalle, welche zu finden. Gemeinden können Verwaltungsaufgaben automatisieren und damit Zeitressourcen sparen. ChatGPT und Co können von Mitarbeitenden derzeit genutzt werden, um den Gemeindebrief zu lektorieren und zu korrigieren, um schwierige E-Mails in einem Konfliktfall überprüfen zu lassen, ob Formulierungen Dinge aussagen, die ich feiner formulieren könnte, und um bei großen Problemen kreative Lösungen zu finden, die dialogisch erarbeitet werden können. So bleibt mehr Zeit, um bei den Menschen zu sein oder die Arbeit vor Ort zu beleben.

Öffentlichkeitsarbeit: Kommunen können mit Hilfe von KI-Tools Videos schneiden und veröffentlichen, ohne dass sie sich mit Videobearbeitung auskennen müssen. So können auch Laien viel mehr bewegen als bisher. Flyer und Plakate können mit Hilfe von KI-Tools automatisiert erstellt werden und dabei den individuellen Stil der Gemeinde verwenden.

Gesundheit: Es mag banal klingen, aber KI in der Medizin wird dem einen oder anderen Menschen das Leben retten, indem sie frühzeitige Diagnosen stellt, die ein Arzt nicht sehen konnte. Schon heute können KI-Tools Krankheiten manchmal besser erkennen als Fachärzte. So bleiben uns mehr gesunde Menschen und Mitarbeitende in den Gemeinden erhalten. Und wir alle wissen, was es bedeutet, starke Mitarbeitende zu verlieren.

Niveau Steigerung: KI kann in einigen Bereichen helfen, besser zu werden. Dies ist in der Öffentlichkeitsarbeit möglich, wenn eine KI die Website erstellt und Grafiken für Veranstaltungen ausgibt. KI kann Textbeiträge optimieren, indem sie tolle Formulierungen findet oder zielgruppenspezifische Formulierungen vorschlägt, statt christliches Vokabular zu verwenden. KI kann uns helfen, kreativer zu sein und Gottesdienste aufzuwerten durch von KI erstellte Anspiele, durch Bilder oder Videos im Gottesdienst, durch kreative Elemente, deren Ideen von der KI vorgeschlagen werden.

Kostensenkung: Einige Gemeinden haben Angestellte oder Honorarkräfte für das Lektorat, für grafische Aufgaben oder für die Buchhaltung. Für viele Aufgaben gibt es KI-Tools, die die Arbeitszeit der Menschen reduzieren oder sie sogar durch die Nutzung von KI-Tools durch Honorarkräfte ersetzen. Ich bin mir bewusst, dass wir hier ein heikles Thema ansprechen, denn durch die Einführung von KI werden einige Menschen ihren Arbeitsplatz verlieren. Aber es gibt auch Szenarien, in denen die Person endlich von einer Aufgabe befreit wird, die sie nur gemacht hat, weil die Gemeinde sie unbedingt braucht.

Theologisches Wissen: Es ist relativ einfach, Werke von Theologen in eine KI wie ChatGPT hochzuladen und dann mit diesem Werk zu „sprechen". Wir könnten mit diesem Werk oder mit vielen Werken interagieren, als wäre es eine Person, der wir Fragen stellen könnten. „Wie verstehst du 1. Thessalonicher 5?" Alle anderen Fragen, die wir für unsere theologische Arbeit brauchen, können gestellt werden. Es könnten solche Chatbots entstehen, die sämtliche Werke der Theologie gespeichert haben, und wir würden in wenigen Fragen theologische Positionen zu bestimmten Themen von der KI herausgearbeitet präsentiert bekommen und könnten die Positionen auch von der KI vergleichen lassen oder uns eine Anwendung davon erklären lassen. Dazu gehört auch, dass die KI uns die Quelle ihrer Recherche nennen kann, sodass wir die Überprüfung vornehmen können. Damit können wir noch mehr theologische Grundlagenarbeit leisten als bisher.

So kann es sein, dass einige Gemeinden die Erfahrung machen, dass KI so manches Defizit ausgleichen oder eine konkrete Hilfe sein kann. Wir sind sicherlich noch nicht am Ende der technologischen Reise angelangt. In der Tech-Welt heißt es, dass wir neue Technologien am Anfang überschätzen, aber langfristig unterschätzen. Deshalb freue ich mich auf das, was noch kommt. Ich freue mich darauf, neue Werkzeuge und Systeme auszuprobieren, um die Gemeindearbeit zum Blühen zu bringen oder Menschen freizusetzen, damit sie das tun können, wozu Gott sie berufen hat.

ENTSCHEIDUNG

Bernd Pfalzer

Wir stehen täglich vor unzähligen Entscheidungen: Streiche ich Margarine oder Butter aufs Brot? Ziehe ich die blaue oder die schwarze Hose an? Gehe ich zuerst in den Supermarkt oder zur Post? Richtig schwierig wird es bei großen Entscheidungen, die das ganze Leben umkrempeln können: Umzug, Berufswahl, Partnerschaft, Familiengründung, Geldinvestitionen, ethische Orientierungen ... Noch nie konnten wir so viel entscheiden wie heute. Und doch gehörten Entscheidungen schon immer zum Menschsein.

Schon in der zweiten Schöpfungsgeschichte wird erzählt, wie Adam und Eva entscheiden, vom Baum der Erkenntnis zu essen und Gottes Güte nicht zu vertrauen. Später entscheidet sich Abraham, Gott zu vertrauen und ihm in das verheißene Land zu folgen (1. Mose 12,4a). Nach einem Streit der Hirten um die knappen Weideplätze gibt Abraham seinem Neffen Lot freie Wahl zwischen der wasserreichen Jordansenke und dem kargen Land im Westen. Lot prüft das Angebot, schaut sich die Jordanebene an und entscheidet sich für diese (1. Mose 13). Abrahams Enkel Jakob entscheidet sich bei seiner Brautschau für Rahel. Seine

Entscheidung war so konsequent, dass er sogar zweimal sieben Jahre für sie diente (1. Mose 29).

Auch das Volk Israel wurde immer wieder vor die Wahl gestellt, sich für Gott oder die Götter anderer Völker zu entscheiden (Josua 24,15; 1. Könige 18,21 u. a.).

Die Bibel ist gefüllt von Entscheidungssituationen, von Grundsatzentscheidungen und Alltagsentscheidungen, von Entscheidungen für Gott, Menschen, Orte und Dinge, von Entscheidungen aus Vernunft und aus Liebe.

Die alles überragende Entscheidung fällt allerdings Gott selbst. Er fasst den Entschluss, in Jesus Mensch zu werden. Wir sehen in Jesus, wie sich Gott ein für alle Mal auf die Welt und seine Menschen festlegt. Wie er zu uns kommt und „will, dass allen Menschen geholfen werde und sie zur Erkenntnis der Wahrheit kommen" (1. Timotheus 2,4). Damit wir uns in der wichtigsten Wahl richtig entscheiden können. Weil sich Christus zuerst für uns entschieden hat, können wir entschieden für Christus leben. Im Glauben an Jesus erfahren wir, dass unser Leben eine neue Grundlage bekommt. Große und kleine Entscheidungen können in der Ausrichtung auf Gott hin getroffen werden.

Hier eine ganz konkrete Hilfe zur Entscheidungsfindung:

Das sogenannte 10-10-10-Modell von Suzy Welch empfiehlt, sich bei einer größeren Entscheidung folgende einfache Frage zu stellen: Welche Auswirkung hat diese

Entscheidung auf die nächsten 10 Minuten, auf die nächsten 10 Monate, auf die nächsten 10 Jahre? Die Frage hilft, Wichtiges und Unwichtiges zu unterscheiden und auf unseren inneren Wertekompass zu achten. Oftmals kommt man damit Entscheidungen auf die Schliche, die zwar kurzfristig als angenehm erscheinen, langfristig aber eine schlechte Wahl bedeuten – oder andersherum.

Bei weitreichenden Entscheidungen kann auch folgende Übung sehr hilfreich sein: Auf einem Blatt werden alle positiven und negativen Folgen einer Entscheidung (für dich selbst und für andere) gesammelt. Anschließend wird bewertet, was davon wirklich wichtig ist. So kommst du ganz rational zu einer guten Abwägung.

Und trotzdem gilt: Vertraue auch deiner Intuition! Selbst Professoren, die sich mit dem Entstehungsprozess von Entscheidungen befassen, raten dazu, dem verstandesgeleiteten Zugang nur bedingt zu vertrauen. Denn auch das sogenannte „Bauchgefühl" gibt uns wichtige Hinweise auf eine gute Entscheidung. Und auf beide Weisen, durch Verstand und Herz, kann Gott zu uns sprechen.

Warte nicht darauf, bis du einen „inneren Frieden darüber" hast. Das schenkt Gott manchen manchmal. Dass Gott immer ein solches Gefühl schenkt, ist menschliches Dichten und sicher nicht biblische Verheißung. Gott hilft uns, Entscheidungen zu treffen – indem er bedingungslos zu uns steht und auch Umwege mitgeht. Aber er nimmt uns Entscheidungen nicht ab. Triff eine Entscheidung, auch wenn du dir nicht sicher bist. Aufgeschobene Entscheidungen sind blockierender und frustrierender als (vermeintlich) falsche Entscheidungen. Und wenn du merkst, dass eine Entscheidung falsch war, dann gesteh es dir ein und schlag einen neuen Weg ein. Denn: Irren ist menschlich und Umkehren ist christlich.

NEUN WEGE, GOTT ZU LIEBEN.

Maximilian Rößle, Laura Nieseler,
Kim-André Reusch, Fynn-Ferdinand Fuhrmann

In unserer Ausbildung an der Evangelistenschule Johanneum beschäftigten wir uns im Unterricht im Fach „Praktische Theologie" mit dem Buch „Neun Wege Gott zu lieben" von Gary L. Thomas. In diesem Buch geht es um die eigene Spiritualität und, wie es im Untertitel heißt, um „Die wunderbare Vielfalt des geistlichen Lebens". Der Autor beschreibt verschiedene Zugänge zu Gott. Folgende neun unterschiedliche geistliche Temperamente mit ihren jeweiligen Eigenarten, Stärken und Gefahren werden entfaltet und beschrieben:

der Natur-Typ
der sinnliche Typ
der traditionalistische Typ
der asketische Typ
der aktivistische Typ
der fürsorgliche Typ
der enthusiastische Typ
der kontemplative Typ
der intellektuelle Typ

Im Buch findet sich auch zu jedem Typen ein kleiner Selbsteinschätzungstest, der dem Leser/der Leserin die Ausprägung dieses Typen zeigen kann.

Zu jedem Menschen gehört eine unterschiedliche Zusammensetzung aus verschiedenen Typen. Wir haben es als hilfreich empfunden, uns einmal damit zu beschäftigen, welcher Zugang zu Gott am besten zu uns passt, und zu prüfen, wie wir unsere eigene Art finden, unsere Beziehung mit Gott zu leben. Im Folgenden möchten wir vier Typen, die bei uns ausgeprägt sind, vorstellen:

Der fürsorgliche Typ – Gott lieben durch Nächstenliebe

Für mich ist es wichtig, mich um andere zu kümmern – der Grund dafür ist, dass ich selbst von Gott und seiner Liebe berührt bin. Für Christen vom fürsorglichen Typ ist die Zuwendung zu anderen keine lästige Pflicht, sondern eine Form der Anbetung. Es ist nicht die Rede vom Helfer-Syndrom, sondern von Nächstenliebe, für manche eine tiefgehende Art, Gott zu lieben. Der Begriff Fürsorge ist nicht beschränkt auf die Pflege kranker Menschen. Die Liebe zu Gott durch Nächstenliebe zu zeigen, kann auf viele verschiedene Arten geschehen.

Aufgepasst, wenn wir anderen helfen als Dienst an uns selbst! Es ist Betrug, wenn wir andere nur lieben, damit sie uns ihrerseits auch Liebe entgegenbringen. Manchmal dienen wir anderen, damit sie uns dankbar sind und uns ihrerseits Liebe entgegenbringen. Aber darum geht es bei der fürsorglichen Liebe nicht.

Wie können wir das in unserem Alltag nun leben? Wir können aktiv bei anderen nachfragen, ob sie Hilfe brauchen, indem wir die Dienste von anderen übernehmen oder sie darin unterstützen. In der ehrenamtlichen Mitarbeit finden sich viele Möglichkeiten, uns für andere einzusetzen. In der Liebe zu anderen Menschen zeigen wir unsere Liebe zu Gott.

Der enthusiastische Typ – Gott lieben durch Mysterien und Feiern

Als enthusiastischer Typ faszinieren mich besonders zwei Dinge im geistlichen Leben: das Mystische und das Feiern! Gott wird dabei als ein zutiefst mystisches, ungreifbares und übernatürliches Wesen angesehen. Insbesondere übernatürliche Erfahrungen mit Gott wie z. B. Gebetserhörungen oder auch Heilungen geben dem Enthusiasten viel Kraft, ähnlich wie ein Adrenalin-Ausstoß. Das Feiern darf dabei nicht zu kurz kommen. Die Erfahrungen, die ich mit Gott mache, müssen gefeiert werden. Durch das Zelebrieren solcher Erfahrungen drückt der Enthusiast unter anderem seine Dankbarkeit und gleichzeitig Anbetung aus. Praktisch wird die Begegnung mit Gott für den enthusiastischen Typen z. B. durch Austausch mit anderen, durch das Schreiben eines Gebetstagebuchs oder im gemeinsamen Gottesdienst.

Der asketische Typ – Gott lieben in Einsamkeit und Schlichtheit

Dem asketischen Typ geht es darum, Gott durch Verzicht zu lieben.

In der Einsamkeit, in Zurückgezogenheit, in Einfachheit, Disziplin und Selbstbeschränkung kann ich Gott leidenschaftlich begegnen. Auf diesem Weg entdecke ich die Größe, den Charakter und das Wesen Gottes.

Für den Asketen sind die Nasiräer (Einzelpersonen im Alten Testament, die ein zeitliches Gelübde der Enthaltsamkeit abgelegt haben), und vielleicht auch Johannes der Täufer Vorbilder für das eigene geistliche Leben. So sind Stille, Fasten und Buße keine Last, sondern Übungen, um in der Fülle des Alltags Raum für Gott zu schaffen und dadurch innerlich zu wachsen.

Für den Alltag könnte das bedeuten, Zeiten der Stille, Fastentage oder Gebetsspaziergänge fest in den Kalender einzuplanen und immer wieder neue Übungen auszuprobieren.

Der Natur -Typ

Für manche ist ein Baum ein Baum. Andere denken bei Baum an den Weihnachtsbaum. Wieder andere denken bei Baum an Esche, Erle und Tanne. Egal, was wir denken: Immer ist der Baum Schöpfung Gottes. Der Natur-Typ erlebt Gott genau dort. Ich bin immer wieder überwältigt von großen und gewaltigen Gebirgszügen, aber auch von den Details wie z. B. die Farbgebung bei den allerkleinsten Blüten einer Pflanze.

Die Natur ist ein überwältigendes Zeugnis von Gottes Liebe zu uns. Er hat uns dieses Geschenk gemacht. Wir dürfen seine Liebe in seiner Schöpfung entdecken. Jede Blume, die er für uns entworfen hat, und jede Frucht, die wir schmecken, sind ein Zeugnis dieser Liebe. Viele Menschen erkennen in der Schöpfung Gottes Liebe und genießen diese. Dabei ist sie viel mehr als einfach ein Rückzugsort, um mit Gott allein zu sein. Die Natur schenkt uns die Möglichkeit, durch sie die Menschen auf Gott hinzuweisen.

Ich bin begeistert von Pfadfinderarbeiten, Waldgottesdiensten und Pilgerandachten. Jesus selbst predigte oft in der Natur - sei es am See Genezareth oder auf einem Berg. So ist die Natur eine Predigt Gottes, zu der wir andere einladen können.

Was ist die Natur für dich? Ein einfacher Rückzugsort oder ein Zeugnis von Gottes großer Liebe? Geh hinaus und finde es heraus, prüfe es nach. Es lohnt sich!

Praxisentwürfe

ENTWURF FÜR EINEN HAUSKREIS

Hermann Brünjes

Erste Gedanken zur Jahreslosung

Prüfen und das Gute behalten. Machen wir doch, oder?
Ob online einkaufen oder eine Reise buchen, ob wählen
gehen oder einen Arzt aussuchen – wir prüfen, lesen Test-
ergebnisse und Bewertungen, googeln und recherchieren
und entscheiden uns dann für das aus unserer Sicht Gute
und Beste. Ob wir bei Facebook unsere Meinung posten
oder witzige Cartoons zur politischen Lage mit anderen
teilen, ob wir am Arbeitsplatz oder im Hauskreis unsere
christliche oder politische Position vertreten – wir haben
das natürlich geprüft, uns reichlich informiert, die Bibel
erkundet und die Parteiprogramme mit der Realität abge-
glichen. Wirklich?

Leider ist das mit dem Prüfen so eine Sache. Es ist mit Arbeit und Mühe verbunden, man muss Zeit investieren und
kommt dann möglicherweise zu anderen Ergebnissen als
erhofft – oder zu keiner wirklich verwertbaren Meinung.
Klar sein muss ich mir auch darüber, was ich will und was

für mich das Gute ist. Gibt es so etwas wie ein objektiv Gutes? Ah, Jesus!

Gut – aber was trägt es aus, wenn ich ihn zum Maßstab für das Gute mache? Komme ich da womöglich in Konflikt mit anderen und sogar mit mir selbst und meinen Bedürfnissen?

Die Jahreslosung 2025 ist eine echte Herausforderung. Sowohl das Prüfen als auch das Gute hört sich zunächst gut an, ist dann jedoch ziemlich schwer durchzuhalten und zu definieren. Oft genug kommt es auf die Perspektive, den Standpunkt oder die Fragestellung an.

Der Gesprächskreis wäre ein Ort, wo wir uns gegenseitig bei der Qual der Wahl unterstützen können. Am Ende ist natürlich jede und jeder in den verschiedenen Entscheidungssituationen selbst herausgefordert, sich zu verhalten. Wir kennen das: Nach Durchsicht vieler Bewertungen müssen wir doch eine eigene Entscheidung treffen. Das nimmt uns niemand ab. Da bleibt am Ende vor allem Vertrauen – in die Voten der anderen, in mein Bauchgefühl, kombiniert mit meiner Ratio. Und es bleibt das Vertrauen in einen Gott, der mich durch seinen guten Geist auf gutem Wege leitet. Er lässt mich selbst dann nicht im Stich, wenn es trotz Prüfung oder weil ich die schlicht vergessen habe, schlecht läuft. In der Gruppe nach Kriterien zum Entscheiden zu suchen und uns dabei von Paulus und der Bibel inspirieren zu lassen, lohnt sich allemal!

Kontext der Jahreslosung im Bibeltext

Drei wichtige Gedanken aus dem Kontext der Jahreslosung spielen eine besondere Rolle im Blick auf das Prüfen und das so entdeckte „Gute", von dem Paulus schreibt:

1. Hinweis auf die Wiederkunft Jesu: Was wähle ich und wie lebe ich, wenn Jesus bald wiederkommt?

2. Aufruf und Ermahnung zur Wachsamkeit: Wie sieht ein wachsamer Lebensstil aus?

3. Kritisch vertraulicher Umgang mit Leitenden: Wem kann ich vertrauen?

In der Exegese haben wir gesehen, dass Timotheus von vielen positiven Entwicklungen in der Gemeinde der quirligen Hafenstadt berichtet. Paulus selbst war zuvor mindestens drei Wochen dort. Er war einer von vielen Predigern und Philosophen, die in jenen Tagen durch die Städte zogen. Wie andere auch, wurde er angefragt und seine Botschaft angezweifelt. Immer wieder spielte dabei der Lebenswandel eine große Rolle. „Deckst du mit deinem Leben ab, was du uns predigst?" Dies war eines der wichtigen Kriterien zur Prüfung der Boten und ihrer Botschaft. Das „Prüfet" bezog sich also für Paulus besonders auf die Glaubwürdigkeit der Menschen, denen man folgte.

Zwei Versuchungen waren Christen in Thessaloniki angesichts der dort sehr ausgeprägten Erwartung der nahen

Wiederkunft Jesu ausgesetzt: Die einen meinten, jetzt sei die charismatische Hingabe und die Pflege der Geistesgaben geboten und man müsse dem Geist Gottes mehr Raum geben, andere wandten sich dagegen und fragten vor allem nach Moral und Ethik. Paulus fordert beide auf, in Frieden miteinander zu leben und beides miteinander zu verbinden.

Auch hier sei es geboten, nicht blind den verschiedenen Lagern und Gruppen zu folgen, sondern zu prüfen, was im Sinne Jesu ist.

Umsetzung ins Hier und Heute

Uns bewegen ähnliche Fragen. Wir werden von vielen Anbietern umworben: angefangen bei materiellen Konsumangeboten bis hin zu Politik und Weltanschauung. Ständig sollen oder müssen wir uns entscheiden, wem und welchem Angebot wir Raum geben und wogegen wir uns verwehren. Es ist eine wichtige Frage: Wie wird Glaubwürdigkeit überprüft? Wie finde ich heraus, ob Personen, Einrichtungen, Programme, Anschauungen, Politik usw. glaubwürdig sind? Gleiches gilt für Geldanlagen, Arztwahl, Wohnungswahl, Versicherungen, Reparaturen, Anschaffungen und andere Angelegenheiten des normalen Lebens.

Immer wichtiger erscheint auch die Frage: Welchem Lager schließe ich mich an?

Ob politisch oder kirchlich, in der Klima- oder der Energiefrage, ob rechts, links, Mitte und irgendwo dazwischen – immer wieder suchen wir unseren Standort und unsere Zugehörigkeit. Und wenn wir dann das Gute für uns gefunden oder entschieden haben, dann stellt sich die Frage, wie wir mit den anderen Lagern und Meinungen umgehen. Was meint „Frieden halten" und was nicht? Die Übertragung der Paulusworte in unsere Gegenwart hinein ist nicht schwer, die Umsetzung im Hier und Heute dann aber doch.

Zielgruppe für die Umsetzung

Dieser Stundenentwurf wurde in einem Hauskreis mit Frauen und Männern zwischen 50 und 75 Jahren ausprobiert. Vermutlich passen die Anregungen jedoch auch für diverse andere Zielgruppen. Die Gruppe bestand aus zehn Personen, darunter vier Ehepaare. Alle sind Christen und die meisten irgendwie kirchlich sozialisiert, wenn auch durch unterschiedliche Prägungen und Konfessionen. Viele der Teilnehmenden sehen ihre Ortsgemeinde kritisch. Enttäuschungen mit Personen und der Institution spielen dabei genauso eine Rolle wie inhaltliche Kritik und veränderte Lebensphasen.

Das Lebensgefühl der Gruppenmitglieder kann man vielleicht zwischen ‚noch *fitte* JungseniorInnen' und ‚bereits eingeschränkte RentnerInnen' einordnen. Die meisten sind recht *fit*, einige gesundheitlich eingeschränkt. Einige verreisen gerne. Man trifft sich monatlich rundum in den Häusern zum thematischen Gesprächskreis. Die meisten haben ein eigenes Haus mit Garten, so wie es auf dem Land häufig der Fall ist. Man lebt mit Führerschein und Auto, hat weite Wege zum Einkauf und zu Kulturangeboten. Kinder und Enkel leben bei einigen im Nahbereich. Diese Themen kommen immer wieder vor: Theologie und Themen der Glaubenspraxis, Kirchengemeinde und Politik, Krankheiten und der Umgang damit (Pflegeverpflichtungen gegenüber alten Eltern), Kinder und Enkel, Wohnsituation (energiesparend und altersgerecht wohnen). Die meisten haben genug Zeit und sind dankbar, diese in Freiheit gestalten zu können. Einige arbeiten noch, auch im Ehrenamt, und sind recht eingespannt. Einige sind politisch interessiert. Die Online-Präsenz ist unterschiedlich. Einige nutzen das Smartphone samt Soziale Medien regelmäßig, andere so gut wie gar nicht.

Meditation ‚Prüfet alles'

Immer, ständig und in allen Bereichen prüfe und entscheide ich: Welcher Arzt, welches Krankenhaus und welche Medikamente bei Krankheiten? Wann die Wohnung wechseln und wohin? Zu den Kindern? Ins Altenheim? Wofür gebe ich mein Geld aus? Welche Spenden machen Sinn? Welche Partei wähle ich? Wen unterstütze ich? Wo engagiere ich mich? Wie gehe ich mit frei gewordener Zeit um? Was tue ich mit meinen verbleibenden Jahren?

Prüfen zu müssen ist eine Last:

Es gibt oft extrem viele Möglichkeiten, manchmal zu viele. Früher gab es wenige, heute haben wir die Qual der Wahl. Dies gilt für alles, auch für Politik und Weltsicht: Immer gibt es Vor- und Nachteile. Immer ist das Gute nicht durchweg gut. Es scheint, wir sind zum Fehlermachen verdammt. Schwierig!

Prüfen zu dürfen ist ein Privileg

Wir haben die Wahl, sind also frei und werden zu nichts gezwungen. Freiheit pur! Wir können unseren eigenen Werten, Interessen und Vorlieben folgen. Dogma, Lebensstil, Ziele und Ethik werden uns nicht aufgedrückt. Wir selbst verantworten unser Leben. Großartig!

Prüfet alles ist kaum möglich:

Wir haben in der Praxis zwar viele, aber doch nicht alle Wahlmöglichkeiten. Ort, Zeit, Alter, Herkunft, Geld, Gesundheit usw. schränken unsere Wahlmöglichkeiten immer ein. Dies gilt es zu akzeptieren. Für uns ist alles im Sinne von „was gerade angeboten wird und zur Verfügung steht" zu verstehen. Es tut uns also gut, mit beiden Füßen auf dem Boden zu bleiben.

Meditation ‚das Gute behaltet‘

Es ist leider häufig nicht offensichtlich, was gut ist. Je mehr Lebenserfahrung wir haben, desto vorsichtiger werden wir, uns für das Gute zu begeistern. Welche Kriterien helfen, das Gute zu finden? Gut ist wohl nie objektiv, sondern immer subjektiv. Gut für mich und für uns – das sehen wir unterschiedlich. So entstehen Parteien und Lager (auch christliche).

Wie wird dann im Sinn von Paulus Frieden bewahrt, wenn wir ‚gut‘ verschieden beschreiben? Wie halte ich das Gute fest, wenn sich alles um mich herum wandelt? Passt das, was gestern gut war, heute nicht mehr und gut ist etwas anderes?

Muss das Gute immer das Beste sein, das „Non plus Ultra“?

Verortung des Stundenentwurfs

Wenn sich Ihre Gruppe im Gemeindehaus trifft, empfehlen wir einen Stuhlkreis. Die Mitte kann dann mit den Gegenständen (siehe Ablauf) gestaltet werden. Auch Zettel mit Begriffen und Gebetsanliegen können sichtbar in der Mitte abgelegt werden.

Hauskreise treffen sich in der Regel in einem Wohnzimmer. Hier sitzt man auf Sofas und Sesseln um einen Tisch herum oder am Esstisch. Meistens ist der Tisch mit Tischdecke, Blumen, Gläsern, Liederbüchern, Knabberkram usw. belegt. Es bleibt also wenig oder kein Platz zum Ablegen von Zetteln und Gegenständen. Auch Pinnwand oder Beamer stehen in den Privaträumen nicht zur Verfügung. Selbst wenn manche der Wohnzimmer recht geräumig sind, ist doch kaum Platz zum Umhergehen und selbst das Aufstehen mag aufwändig erscheinen. Beides, Tischrunde und Platzangebot, wirken sich auf die Methodenwahl aus. Bei unserer Zielgruppe empfiehlt sich primär das Sitzen um eben diesen Wohnzimmertisch herum. Will man ihn (wie hier) nutzen, muss er zuvor zumindest zum großen Teil freigeräumt sein.

Es ist schön, wenn im Rahmen des Abends, vor allem zu Beginn, gesungen wird. Gerade durch gemeinsame Lieder wird eine *öffnende* Atmosphäre erzeugt. Sollte dies nicht möglich sein, etwa weil weder Instrument noch Liederhefte vorhanden sind, kann jemand vielleicht doch einen Kanon anstimmen. Wenn man jedoch das gemeinsame Singen nicht gewohnt ist, sollte man es lieber lassen.

Als Zeitfenster für den Abend planen wir 2 Stunden, eher empfehlen wir 1,5 Stunden mit etwas Luft im Programm, damit sich Prozesse entwickeln können. Intensive Gespräche zur Sache sollte man nicht allzu sehr beschneiden, sondern lieber Teile des geplanten Programms weglassen.

Es ist Abend, manche sind müde. Fast alle haben ein gefülltes Tagesprogramm hinter sich. Im Normalfall sitzen viele um diese Zeit vorm Fernseher. Nun jedoch erwarten sie

Gemeinschaft und Unterhaltung. Vielleicht kommt man zunächst aus Pflichtgefühl, dann jedoch genießt man das Miteinander. Eine lockere und nette Atmosphäre ist angebracht. Lieber will man erst einmal ankommen, etwas trinken und vor allem klönen – und nicht gleich ins Thema einsteigen. Manche Gruppen beginnen auch mit einer „Wie-geht-es-mir-Runde": Man reicht einen Gegenstand weiter und wer ihn hat, erzählt von sich und seinem Tag.

Die meisten Gruppen dieser Art treffen sich 14-tägig oder monatlich. Auch deshalb bedarf es zu Beginn eines Ankommens. Man muss sich wieder aufeinander einstellen. Ja, man ist oft bereits länger zusammen, manchmal sogar Jahrzehnte. Trotzdem weiß man möglicherweise wenig voneinander.

Wenn Gäste kommen, freut man sich. Allerdings verändern sich die Rollen und Gruppenprozesse durch neue Personen. Sollte das Thema in einer Runde bearbeitet werden, die sich erstmals trifft und wo die Teilnehmenden sich noch nicht gut kennen, so ist besonders auf die Freiheit der Einzelnen zu achten: Wer reden will, darf reden. Wer schweigen will, darf schweigen. Und: Je weniger man fromm daherredet und geistlich voraussetzt, desto wohler werden Gäste sich fühlen.

Es ist gut, wenn wir wissen, was die Teilnehmenden erwarten, erhoffen und einbringen können. Es ist nicht verwerflich, nach den Bedürfnissen der Gruppenmitglieder zu fragen, sondern erforderlich, wenn der Abend gelingen soll und wir uns thematisch mit der Jahreslosung auseinandersetzen wollen. Was also erwarten wir? Einige Beispiele:

Der Rahmen soll stimmen, man will Gemeinschaft erleben.

Man will persönlich miteinander reden, kein Referat hören.

Gelacht wird gern, zugleich erhofft man jedoch auch ernsthafte Gespräche.

Es soll über Themen des Glaubens gesprochen werden, möglichst anhand der Bibel.

Man will über das aktuelle Leben reden und nicht in der biblischen Welt steckenbleiben.

Man will ehrlich und persönlich miteinander sprechen, nicht dogmatisch richtig.

Es soll interessant sein, informativ, lebendig und theologisch (sofern relevant fürs Leben).

Man will reden, aber nicht reden müssen.

Man will sich austauschen, aber nicht allzu viel machen müssen. (Methoden also nur dosiert.)

Stundenentwurf

1. Lieder (nach Wahl, falls die Gruppe es mag, evtl. auch Kanon.)

2. Entscheidung fällen (Beispielhandlung): Gegenstände bspw. aus Werkstatt, Küche, Büro, Fahrrad, Medizin zur

Wahl liegen auf dem Tisch: Wähle, was du gut und wichtig findest.

3. Gespräch zum Thema „Entscheidungen fällen": Ihr habt gemerkt: Ich wollte euch in eine Entscheidungssituation führen.

Gespräch: Wie erging es dir? War es leicht? Warum nicht? Was hat dich geleitet, gerade dieses Werkzeug zu nehmen? Nenne aktuelle Situationen, die dieser ähneln: Du hast die Wahl und sollst dich für etwas entscheiden.

4. Persönlicher Austausch (nur kurz, wenn wenig Beiträge sind): Gibt es im Moment eine solche Entscheidungssituation für dich? Wir wollen sie aufnehmen und nachher fürs Gelingen beten. Moderator/in: Stichworte auf Zettel schreiben und für Gebet sichern.

5. Jahreslosung lesen, hören, vertiefen: Jede/r bekommt verdeckt eine Spruchkarte (gekauft oder selbstgemacht). (5 Min)

Reihum wird sie aufgedeckt und laut vorgelesen. Durch die Wiederholung prägt sich die Losung ein, durch verschiedene Betonung bekommt sie Nuancen. Kurze Nachdenkpause.

Wer will, macht sich eine Notiz dazu (Zettel/Stifte bereitlegen). (10 Min)

6. Gespräch zu „prüfen" und „das Gute behalten": Wir reflektieren den bei der Wahl des Gegenstandes erlebten Vorgang und sprechen darüber, wie wir prüfen und wie wir das Gute entdecken. (15 Min)

Wir haben eben die Wahl gehabt und uns entschieden. Bestimmte Überlegungen sind dabei abgelaufen. Welche waren das – und welche kann man bei Entscheidungsprozessen verallgemeinern? Welche Impulse gibt dieser Prozess mit Blick auf die Jahreslosung?

Beispiele (bitte zunächst abwarten, was aus der Gruppe kommt):
- Ich kann nur prüfen, wenn ich weiß, wozu ich etwas brauche und was ich will.
- Einige wägen ab und schreiben das Für und Wider auf. Aber was wiegt wieviel?
- Das Gute ist für jeden etwas Anderes. Sind auch Kriterien zur Prüfung anders?
- Das Gute ist nicht immer das Beste. Womit gebe ich mich zufrieden?
- Was gut ist, bestimmt auch der Zweck und das Ziel.
- Selbst wenn alle das Gleiche wollen, entscheiden wir uns für unterschiedliche Mittel.
- Manche entscheiden mehr mit dem Kopf, manche mit dem Gefühl.
- Einige können sich nur schwer entscheiden, sind wie blockiert. Wodurch?
- Inwiefern hilft eigentlich Beten bei Entscheidungen?

7. Entscheidung für Jesus: Eine Grafik mit religiösen Symbolen (Kreuz, Davidsstern, Ying und Yang, mit einer Googlesuche leicht zu finden) wird gezeigt. (10 Min)

Ihr habt euch für Jesus entschieden. Warum eigentlich? Habt ihr das geprüft? Nach welchen Kriterien? Warum habt ihr gerade Jesus für gut befunden?

(Bitte vermeidet Diskussion über die Religionen. Es geht um die Wahrnehmung, dass wir den Vorteil hatten, im christlichen Abendland geboren zu sein, uns jedoch zugleich für Jesus entscheiden. Aber: Unser Glaube hängt letztlich daran, dass ER sich für uns entschieden hat! Hier wird es also schwierig mit der Jahreslosung.)

8. Kontext lesen und bedenken: (10 Min)
Jede/r bekommt einen Ausdruck des Bibeltextes und liest Kapitel 5 für sich. Man macht sich Notizen am Rand. „Bitte markiert Gedanken und Sätze, die besonders eng mit Vers 21 verbunden sind, weil sie diese Anweisung begründen und erläutern." Anmerkung: Wenn Moderator/in den Text in Abschnitten erläutert, während die Einzelnen mitlesen, geht es schneller.

9. Gespräch über den Kontext der Jahreslosung: Wir suchen im Kontext nach Kriterien zum „Prüfen" und für das „Gute". Welche finden wir? (15 Min)

Beispiele (bitte zunächst abwarten, was aus der Gruppe kommt):

- Naherwartung, Hoffnung, Perspektive. Was ist da das Gute?
- Was ändert sich für uns mit Blick auf das Prüfen und für das Gute entscheiden, wenn wir Jesus zeitnah erwarten (oder wenn er schon da ist!)?

„Ich lebe so, als ob Jesus in der Tür steht." Wäre das ein Kriterium beim Prüfen?

- Es geht immer auch um die Glaubwürdigkeit der Boten und ihrer Angebote. Wie wird etwas oder jemand glaubwürdig?
- Es gibt im Text ethische Vorgaben. Wie helfen sie bei der Wahl des Guten?

(Moderator/in notiert evtl. Begriffe auf Karten zur Sicherung der Gedanken.)

10. Rundgespräch mit Fazit: (5 Min)
Sichern einer Einsicht. Hat sich etwas bewegt mit Blick auf eine aktuelle Entscheidung? Wer will, mag sagen, was er/sie mitnimmt.

11. Gebet und Schluss: Die Anliegen des Abends werden aufgenommen (siehe Zettel bei 4.). (10 Min)

Wo man es kennt, ist eine Gebetsgemeinschaft möglich. Zum Schluss kann ein Abendlied gesungen werden (z. B. Geh unter der Gnade).

ZWEI METHODEN FÜR PROZESSE IN GREMIEN[7]

Rainer Koch

Methode 1: Kreisprozess und Achtgeber/in

Ziel: Der Kirchenvorstand entwickelt eine geistlich geprägte Wahrnehmungs- und Teamkultur.

Einführung: Wie kann ein Kirchenvorstand Gottes Gegenwart im Alltagsgeschäft entdecken? Wie hält er gut gefüllte Tagesordnungen offen und durchlässig für das Wirken von Gottes Geist? Das waren unsere Ausgangsfragen. Mit der folgenden Zugangsweise kann ein Rahmen geschaffen werden, in dem die genannten Aspekte eines geistlichen Prozesses (Vertrauen, Indifferenz, Hinhören, Unter- und Entscheiden, Ansehen geben) gefördert und eingeübt werden können.

---

7   Der Beitrag ist zuerst erschienen im Material von Team Unser, www.teamunser.de (zuletzt abgerufen am 7.6.2024). Im August erscheint die Erweiterung "Kollektive Intelligenz". www.missionarische-dienste-hannover.de (zuletzt abgerufen am 25.6.2024).

Der Kreis

Der Kreis ist eine uralte, soziale Form der Gemeinschaft. Ein soziales Gefäß für gelingende Team- und Gemeinschaftsprozesse. Auch in den biblischen Texten ist er zu finden (Johannes 20,24 / Apostelgeschichte 1,15 / Offenbarung 5,6). Er ist Ausdruck einer tragfähigen Gemeinschaft und führt zu einem Miteinander auf Augenhöhe; wir sehen uns an, wir nehmen uns wahr, wir sind in Kontakt miteinander.

Die Arbeit im Kreis verlangt die volle Teilnahme und freie Sicht auf die anwesenden Personen. Es geht darum, ganz da zu sein. Mangelnde innere Teilnahme oder „Nebenjobs" während der Sitzung werden spürbar. Jede/r ist dem jeweiligen Gegenüber und dem Ziel der Kirchenvorstandsitzung gegenüber verantwortlich. Auf jedem Stuhl sitzt eine Führungsperson. Geteilte Leitung und kollektive Intelligenz kommen zum Ausdruck.

Wie wäre es, die oft im rechten Winkel gestellten Konferenztische mit der Leitung am Kopfende zu verlassen und die Sitzung in einen Kreisprozess zu verwandeln? Unterschätzen Sie diese einfache Veränderung nicht. Die Sitzordnung spiegelt wider, dass alle hierarchiefrei, auf Augenhöhe miteinander unterwegs sind. Die bewusste Verortung und Verwendung der Kreismitte ist in diesem Zusammenhang ein wichtiger Beitrag zum Sitzungsprozess. Dabei geht es um mehr als um eine „gestaltete Mitte". Die Mitte ist der Raum, der unterschiedliche Ansichten, Erlebnisse und Emotionen hält und zur Betrachtung aller Beteiligten aufnimmt. In Gesprächen kommt es immer wieder zu Situationen, in denen sich jemand bedrängt fühlt und zumacht, denn die/der andere scheint nicht aufhören zu wollen, bis man ihr/ihm Recht gibt. Im Kreis hingegen können Menschen zustimmen oder widersprechen und weiter zuhören, solange die Aussage an die Mitte gerichtet ist. Es wächst ein Bild, das einen Gesamteindruck des Gesprächsthemas bzw. einer Problematik liefert. Mit jedem Beitrag vernetzen sich die Sichtweisen mehr und es entsteht eine gemeinsame Lösungsdynamik.

Die Kreismitte symbolisiert daher einen freien Raum, offen und empfänglich für das Wirken des Geistes Gottes. Denn letztlich geht es in aller Professionalität im Prozess um eine innere Haltung des Empfangens, was uns von Gott her im Miteinander zufließt. Eine Kerze, ein Kreuz oder ein anderes bewusst gewähltes Symbol kann das zum Ausdruck bringen.

Vereinbarungen und Haltungen

Gemeinsame Vereinbarungen sind wie ein zwischenmenschliches Sicherheitsnetz, ein sicherer Raum, in dem sich die Teammitglieder bewegen können. Es ist bedeutend, dass alle die Regeln respektvollen Umgangs miteinander verstehen und sich daran halten. Welche Vereinbarungen brauchen Sie im Kirchenvorstand, damit Sie ihr Ziel erreichen?

Wir schlagen Ihnen als Arbeitsgrundlage die im damaligen Gemeindekolleg der VELKD entwickelten „5 Kreisregeln" vor, die für Ihre Kirchenvorstandssitzungen eine offene und vertrauensvolle Haltung fördern. Sie unterstützen die Entwicklung eines sicheren Raums, in dem sich alle Teammitglieder ganzheitlich einbringen können – kognitiv, intuitiv, emotional und geistlich.

- Persönliche Informationen sind vertraulich.
- Wir hören einander aufmerksam zu und urteilen nicht.
- Wir achten darauf, zum schöpferischen Prozess der Gruppe beizutragen.
- Wir bitten um das, was wir brauchen, und geben, was wir können.
- Von Zeit zu Zeit halten wir inne und richten unsere Gedanken und Aufmerksamkeit wieder neu aus auf uns, unsern Kontext und auf Gott.

Andacht

Am Anfang vieler Kirchenvorstandssitzungen steht die Andacht. Anschließend wird die Tagesordnung „abgearbeitet". Am Schluss gibt es vielerorts noch ein Lied oder/und einen Schlusssegen. Wie wäre es, eine Zeit lang mit einem geistlichen Impuls zu starten, der sich mit öffnenden, persönlichen Fragen verbindet? Auf diese Weise können die einzelnen Teammitglieder innerlich ankommen und den Impuls in einem kurzen, inspirierenden Austausch vertiefen. Das könnte aus Zeitgründen ggfs. auch in Gesprächen zu zweit erfolgen. Ein geistlicher Prozess wird aber nicht nur dadurch initiiert, dass zur Sitzung eine Andacht, liturgische Elemente oder Gebete hinzugefügt werden. Diese sind vielmehr in den Gesamtprozess zu integrieren, damit sie ihre deutende und inspirierende Wirkung entfalten können.

Eine biblische Person, die zu Beginn der Andacht zu Wort kam, kann auch während der Sitzung für einen inspirierenden Perspektivwechsel sorgen. Sie regt an, während einer Diskussion eine Unterbrechung zu inszenieren und zu fragen: Was würde Salomo, Lydia, Petrus oder Maria Magdalena zu dem Thema sagen? Was inspiriert uns, wenn wir die biblische Person „zu uns sprechen lassen"? Wie sind die Beschlüsse am Ende der Sitzung aus ihrer Perspektive zu sehen?

Die Rolle des Achtgebenden

Prozesse als geistliche Prozesse zu verstehen und zu gestalten, heißt zunächst: Der Alltag mit seinen oftmals bedrängenden Problemen, der Überfülle an Aufgaben und den allzu häufig erlebten Reiz-Reaktions-Mustern wird unterbrochen. Diese Unterbrechung ist zu inszenieren. Heilsame Unterbrechungen sind gewissermaßen die kürzeste Definition von Spiritualität. Durch eine kurze Zeit des Schweigens können sich die Beteiligten wieder neu ausrichten auf sich selbst, auf das Thema und auf Gott. Sie haben die Möglichkeit, ihren inneren Regungen nachzuspüren und zu empfangen, was ihnen im Schweigen an Worten, Eindrücken und Einfällen geschenkt wird. So können die fünf Aspekte „Gott trauen, innerlich frei bleiben, emphatisch hinhören, geistlich unterscheiden und Ansehen geben" belebt werden.

Weil diese heilsamen Unterbrechungen im Alltagsgeschäft einer Sitzung kaum im Blick sind, wird neben der sitzungsleitenden und protokollführenden Person die Rolle des Achtgebenden eingeführt. Diese Rolle kann einen bedeutenden Beitrag leisten, um Gesprächsprozesse zu vertiefen und offen zu halten für das Wirken des Geistes. Zu Beginn jeder Sitzung wird diese Rolle immer wieder neu vergeben bzw. von einem Teammitglied freiwillig übernommen. Die Rolle hat das Mandat, sinnvolle Unterbrechungen bzw. kurze Phasen des Schweigens anzuregen. Eine kleine Glocke, eine Klangschale oder Zimbeln können hierfür eingesetzt werden. Der/Die Achtgebende beobachtet das Geschehen mit besonderer Aufmerksamkeit und nimmt die Dinge wertfrei wahr – ohne Schuldzuweisungen oder Urteile! Wann ist ein Moment der Unterbrechung und des Schweigens sinnvoll, um sich neu auszurichten? Zum Beispiel …

- wenn die Achtsamkeit füreinander verloren geht.
- wenn hitzig werdende Gespräche Entschleunigung brauchen.
- um das Gespräch auf das Wesentliche zurückzuführen.
- um nach der Benennung des Themas und der Fragestellung nicht gleich zu den vermeintlichen Lösungen zu springen.
- wenn es in einem Entscheidungsfindungsprozess Zeit braucht, den inneren Regungen nachspüren zu können.

Wenn die/der Achtgebende läutet, wird jede/r still. Eine Minute Schweigen wirkt Wunder. Es ist ggf. hilfreich, kurz und mit nur einem Satz zu benennen, was der Grund für die Unterbrechung ist. Die/der Achtgebende kann auch von den anderen Teammitgliedern gebeten werden, eine Unterbrechung herbeizuführen. Mit einem erneuten Signal setzt der Gesprächsgang wieder ein.

Auch eine deutlich längere Phase des Schweigens kann sich in besonderen Situationen als wertvoll erweisen. Zum Abschluss der Sitzung kann der / die Achtgebende um eine kurze Blitzlichtrunde bitten. Wie haben die Beteiligten diese Sitzung erlebt? Jede / e kann einen Satz oder ein Wort sagen, um ein persönliches Feedback zu geben. Wird diese Rolle in allen Sitzungen ein fester Bestandteil, können sich die Haltungen und die Sitzungskultur nachhaltig verändern.

Methode 1a – Kreisprozess

Anleitung: Drucken Sie die vorgeschlagenen Vereinbarungen und Haltungen aus:

- Persönliche Informationen sind vertraulich.
- Wir hören einander aufmerksam zu und urteilen nicht.
- Wir achten darauf, zum schöpferischen Prozess der Gruppe beizutragen.
- Wir bitten um das, was wir brauchen, und geben, was wir können.
- Von Zeit zu Zeit halten wir inne und richten unsere Gedanken und Aufmerksamkeit wieder neu aus auf uns, unseren Kontext und auf Gott.

Teilen Sie Ihr Team in zwei Gruppen auf und diskutieren Sie die Vorlage. Was fehlt Ihnen? Was möchten Sie ergänzen? Wo stimmen Sie zu? Tragen Sie die Ergebnisse zusammen und einigen Sie sich darauf, was die Grundmelodie

Ihrer Zusammenarbeit sein soll. Hängen Sie die Sätze gut sichtbar im Sitzungsraum auf und überprüfen Sie diese von Zeit zu Zeit.

Zeit: 45 Minuten

Methode 1b – die Rolle des Achtgebenden

Anleitung: Wählen Sie ein aktuelles, relevantes Thema, zu dem ein Beratungsprozess durchgeführt soll. Vergeben Sie die Rolle des Achtgebenden an eine freiwillige Person. Diese beobachtet das Geschehen mit besonderer Achtsamkeit und inszeniert, im Vertrauen auf das eigene Bauchgefühl und die oben genannten Aspekte, zwei bis drei sinnvolle Unterbrechungen.

Anschließend reflektieren Sie die Erfahrungen. Wie ging es dem Achtgebenden? Wie ging es den Teammitgliedern? Was haben die Unterbrechungen ausgelöst? Welche Kraft entfaltet das Schweigen? Gelingt es auf diese Weise, Gedanken und Aufmerksamkeit wieder neu auf sich selbst, den Kontext und auf Gott auszurichten?

Zeit: 90 Minuten

Bemerkung: Methode 1a (Kreisprozess) kann auch für sich durchgeführt werden. Methode 1b könnte zu einem anderen Zeitpunkt eingeübt werden, baut aber in jedem Fall auf Methode 1a auf.

Methode 2 – Unterscheiden und Entscheiden

Ziel: Eine transparente und tragfähige Entscheidungsfindung fördern.

Anleitung: Im Folgenden stellen wir eine kleine von salomonischer Weisheit geprägte Methode (Quäker Kontinuum) vor, die das Finden von einmütigen Entscheidungen, d. h. gemeinsam getragenen Entscheidungen, unterstützen kann. Dieses Werkzeug hilft, in Entscheidungsprozessen die Positionen der Teammitglieder transparent zu unterscheiden, Entscheidungen in ihrer Tiefe und Tragfähigkeit auszuloten und mit Widerständen produktiv umzugehen.

Die Positionen 1–6 visualisieren die Bandbreite und die unterschiedlichen Entscheidungsdynamiken. Die Beschreibungen unterhalb der 6 Positionen zeigen die fließenden Übergänge und die unterschiedlichen Interpretationsmöglichkeiten an, die damit einhergehen.

1	2	3	4	5	6
Ich bin dafür	Ich bin dafür	Ich bin dafür	Ich bin dagegen	Ich bin dagegen	Ich bin dagegen
–	–		–		–
und werde mitmachen	und bin bereit, zu unterstützen		und bin bereit, zu unterstützen		und versuche, andere davon zu überzeugen

⟵————— zulassen —————⊢ ⊢—— ablehnen ——⟶

⟵————— unterstützen —————⊢ ⊢—— verhindern ——⟶

⟵————— Ja ————— ⊢———— Nein —————⟶

⟵—— Ja ————— Enthaltung ————— Nein ——⟶

Bei einer komplexen Entscheidung kann sich jedes Teammitglied positionieren. Das kann so erfolgen, dass jede/e einen Stein o.ä. auf das entsprechende Feld der A4-Vorlage legt. Durch die Aufstellung kommt ein differenziertes Bild ans Licht. Selbstverständlich werden in demokratischen Entscheidungsprozessen alle Positionen akzeptiert. Bei wichtigen Entscheidungen ist es sinnvoll, mit den Positionen 5 und 6 erneut ins Gespräch zu kommen und auszuloten, was für eine gemeinsam getragene Entscheidung gebraucht wird. So bleiben Widerstände nicht unerhört. Welche Botschaft haben sie? Welche Bedürfnisse liegen dahinter? Wie können die Widerstände so minimiert werden, dass möglichst viel Energie aller Beteiligten in die gemeinsame Entscheidung einfließt? Auch hier können neben dem emphatischen Hinhören heilsame Unterbrechungen und Phasen des Schweigens hilfreich sein.

Zeit: unbestimmt

Bemerkung: Alternativ können die Positionen 1 bis 6 einzeln und getrennt voneinander auf dem Boden ausgelegt werden, sodass alle Beteiligten zu ihrer Sichtweise gehen und stehen können. Das erhöht die Dynamik.

MISSIONARISCHE AKTION: PUNKTEPARTY

Naemi Hagenlocher

Die Jahreslosung bietet viele Möglichkeiten, mit Menschen, die mit dem Glauben nichts anfangen können, ins Gespräch zu kommen. Entscheiden, was gut ist, müssen alle jeden Tag.

Die Studentenmission in Deutschland (www.smd.org) führt seit einigen Jahren auf den Campussen der Unis in Deutschland Punkteparties durch. Die Studierendengruppen fordern Passanten heraus, zu prüfen und das Gute zu behalten. Naemi berichtet von der Aktion in Heidelberg und erklärt, wie eine Punkteparty funktioniert:

In unserer SMD-Gruppe in Heidelberg waren wir letztes Jahr mit der Punkteparty zum Thema „Das Böse" unterwegs und durften tolle Gespräche führen! Unter anderem kam die Punkteparty im Rahmen der Hochschultage zum Einsatz. An mehreren Nachmittagen der Woche stellten wir uns mit drei Plakaten auf die Neckarwiese. Gerade im Sommer ist diese ein sehr belebter Ort. Auf den Plakaten waren verschiedene Fragen gedruckt, z. B. „Was ist das größte Problem der Erde?", darunter standen verschiedene Antwortmöglichkeiten. Passanten konnten mit Klebepunkten bewerten, welches Problem sie als das größte ansehen. Dadurch kamen wir schnell mit Menschen ins

123

Gespräch. Besonders über die sozial-gesellschaftlichen Fragen wurde der Austausch auch mal tiefer und führte dann immer wieder in eine Unterhaltung über den Glauben. Eine Gruppe Jugendlicher war beispielsweise der Meinung, dass Umweltverschmutzung das größte Problem der Erde sei. Wir fragten sie daraufhin, wie wir die Umwelt besser schützen könnten. Dabei entstand ein Gespräch über die Schöpfung und woher sie ihren Wert haben könnte. Eine Studentin gab an, dass sie Religion als das größte Problem sehe. Dadurch kamen wir auf den Unterschied von Glauben und Religion zu sprechen, was mir die Gelegenheit gab, mit ihr über meinen persönlichen Glauben an Jesus und seiner Liebe zu erzählen. Für sie waren Religion und Glaube stark mit Tradition, Regeln und Macht verbunden. Es war neu für sie, dass der christliche Glaube bedeuten kann, eine ganz persönliche Beziehung zu Jesus zu haben. Am Ende des Gesprächs waren wir einer Meinung, dass Religion zwar ein Problem sein kann, der christliche Glaube aber auch viele Lösungen für die Probleme der Erde bereithält. Beim Einsatz der Punkteparty durften wir insgesamt viele gute Gespräche führen, die sehr bereichernd waren, egal ob politisch, philosophisch oder persönlich. Die Menschen sind interessiert an den großen Plakaten, die mit bunten Punkten beklebt sind. Das weckt Neugierde! Dadurch, dass sie sich in irgendeiner Weise schon mal mit den Fragen beschäftigt haben, fällt es den Passanten leichter, in ein Gespräch einzusteigen. Die Punkteparty hat es auch mir persönlich erleichtert, mit Menschen ins Gespräch zu kommen und mich ermutigt, von meinem

Glauben zu erzählen. Diese Methode kann nicht nur von Hochschulgruppen durchgeführt werden.

STUNDENENTWURF FÜR TEENAGER: GLAUB NICHT ALLES, WAS DU LIEST

Dennis Weiß

Ziel:
Die Teenager sollen befähigt und ermutigt sein, sich kritisch mit dem auseinanderzusetzen, was sie über Social Media alles lesen und mitbekommen.

Spiel: Zwei Wahrheiten, eine Lüge
Jeder überlegt sich in der Stille drei Aussagen über sich selbst. Das können Erlebnisse sein, Hobbys, Talente usw. Zwei davon müssen der Wahrheit entsprechen und eine muss erfunden sein. Wenn jeder drei Dinge gefunden hat, stellt reihum immer eine Person ihre drei Aussagen vor. Nach einer kurzen Denkpause wird per Handzeichen abgefragt, wer die erste Aussage für die Lüge hält, dann die zweite und zuletzt die dritte. Die erzählende Person darf dann auflösen.

Kurzer Austausch: Wahrheit und Lüge
In einer ersten Gesprächsrunde geht es um das Lügen. Mögliche Fragen sind:
• Was ist für dich eine Lüge?
• Warum lügt man?

- Warum konnte man nicht einfach die Wahrheit sagen?
- Welche Konsequenzen könnten diese Lügen haben?

In einer zweiten Gesprächsrunde geht es darum, alternative Begriffe für Wahrheit zu finden (z. B. Realität, Fakten, Tatsache, Wirklichkeit, richtig, …)

Im Alltag erleben wir, dass Wahrheit und Lüge ineinander fließen. Deshalb sind sie manchmal nicht so leicht zu unterscheiden.

Thema: Fake News
Zur persönlichen Vorbereitung empfehle ich das „Informationskompetenz Materialpaket" auf bitte-was.de im Lehrmaterialbereich vom Landesmedienzentrum Baden-Württemberg[8].

Zum Einstieg wird eine aktuelle Falschmeldung eingebracht mit der Frage, ob diese „Nachricht" schon jemand gelesen hat. Aktuelle Falschmeldungen und Infos dazu findet man bspw. auf mimikama.org (auch Insta oder TikTok), corrective.org (auch Insta oder TikTok) oder bait. faktencheck auf TikTok.)

Weitere Fragen wären:
- Welches Gefühl hast du, wenn du diese Nachricht liest?
- Wie würdest du damit umgehen, wenn dir diese Nachricht in deinem Feed begegnet?

Vielleicht stellt die Gruppe auch fest, dass jemand in der Runde letztens etwas gelesen oder gesehen hat, wo nicht klar ist, ist das echt oder fake? Das sollte aufgenommen

---

8   Landesmedienzentrum Baden-Württemberg, https://bitte-was.de/fileadmin/Redaktion/downloads/Lehrmaterialien-Gesamtversionen/Informationskompetenz-Materialpaket.pdf, (zuletzt abgerufen am 25.3.2024.)

und gemeinsam betrachtet werden. Auch vor Ort kann man über oben genannte Seiten einen Faktencheck durchführen.

Zur Frage „Was sind Fake News?" wird das gleichnamige Video von SPIEGEL Ed[9] auf youtube gezeigt und zusammen nochmal festgehalten, was Fake News sind. Es lohnt sich, die Stichworte aus dem Clip auf einer Flipchart o. ä. aufzuschreiben.

Dazu kann man auch ein kleines Zuordnungsspiel machen[10]. Zu den zwei Oberbegriffen „Fake News" und „Wahrheit" müssen folgende Begriffe zugeordnet werden (auf Moderationskarten, sodass die Teens sie zuordnen können):

Fake News	Wahrheit
Reißerische Überschrift	Bild und Text passen zusammen
Informationen, die erfunden sind	Informiert über Ereignisse, die wirklich passiert sind
Bild und Text passen nicht zusammen	Beitrag soll Menschen informieren
Aufmerksamkeit und viele Klicks sollen erzeugt werden	Meinung von Menschen kann beeinflusst werden
viele Schreibfehler	Vertrauenswürdige Quellenangaben

---

9   Was sind Fake News? I SPIEGEL Ed, https://www.youtube.com/
watch?v=v6nQ_bq3xl4, (zuletzt abgerufen am 25.3.2024.)
10   Vgl. Informationskompetenz Materialpaket S.46.

Meinung von Menschen kann beeinflusst werden	Ähnliche Informationen sind auch auf anderen Internetseiten zu finden
Beitrag soll Hass und Ängste verbreiten	
Fragwürdige Quellenangabe	
Informationen werden verdreht oder weggelassen	

Spiel: SWR Fakefinder

Wer sich jetzt schon sicherer im Umgang mit Fake News fühlt, kann einen Test auf swrfakefinder.de[11] machen. Über einen Beamer wird gemeinsam herausgefunden ob die angezeigten Nachrichten fake, echt oder Satire sind. Gleichzeitig lernen die Teens Methoden, fake von echten Nachrichten zu unterscheiden. Über die drei Menüstriche kann man auch einen eigenen Lernraum anlegen und so im Vorfeld Themen festlegen und wie viele Fragen kommen (sehr gut geeignet, um den Zeitaufwand zu steuern).

Wie die Teens News überprüfen können, sollte unbedingt festgehalten werden:

- Wer ist Absender oder Autorin und gibt es ein Impressum?
- Ist die Schlagzeile reißerisch, überspitzt, mit vielen Großbuchstaben oder Satzzeichen?
- Ist die Meldung aktuell?
- Werden Quellen angegeben und passen diese dazu?

---

11 Südwestrundfunk, https://swrfakefinder.de, (zuletzt abgerufen am 25.3.2024.)

- Handelt es sich um eine Meinung (bewertend, subjektiv) oder eine Nachricht (Fakten, wertfrei und sachlich)?
- Passen Bilder oder Video zum Text oder sind diese bearbeitet?
- Bilder kann man mit der Bilderrückwärtssuche von Google checken (einfach über das Kamerasymbol in der Suchleiste das Bild als Datei oder Link hinzufügen).
- Finde ich Infos zu der Meldung im Netz (z. B. auf hoax-search.com).

Zum Abschluss wird gemeinsam überlegt, wie oder ob, man sich vor Fake News schützen kann und wie sich die Teens verhalten sollten, wenn sie auf eine Fake Nachricht stoßen (z. B. nicht weiterleiten, aber andere informieren, nicht liken, Fake News direkt melden in dem sozialen Netzwerk oder bspw. auf hoaxsearch.com, …).

Besonders interessierte Teens können sich bei den Faktencheck-Teens von der dpa engagieren. Sie lernen dort selbst mehr zu dem Thema, können andere aufklären und Teil dieses internationalen Netzwerks sein[12].

Input: **„sich an die Liebe halten"**
Dass wir uns heute mit dem Thema beschäftigt haben, hat einen Grund. Es gibt wieder einen Vers, der uns als Kirche dieses Jahr über begleitet und der heißt: „Prüfet alles und behaltet das Gute."

Diesen Satz schreibt Paulus in einen Brief an die Gemeinde in Thessaloniki, könnt ihr nachlesen im ersten

---

12 Siehe hierzu: https://www.dpa.com/de/faktencheck-teens#faktencheck-teens, (zuletzt abgerufen am 20.3.2024.)

Thessalonicherbrief 5,21. Das Spannende, finde ich, ist, dass Paulus nicht in erster Linie den Leuten aus der Gemeinde sagen will: „Passt auf, was euch die Medien und andere Menschen alles erzählen – es könnte was echt Böses sein." Sondern er bezieht es auf das, was in der Gemeinde geschieht. Das, was in der Predigt von der Pfarrerin oder vom Pfarrer gesagt wird, aber auch was andere Menschen aus der Gemeinde erzählen, was sie meinen, erkannt zu haben und vielleicht auch, was jetzt zu tun ist. „Prüfet alles und behaltet das Gute." Das ist das Motto von Paulus. Wie aber kann man das „prüfen"?

Ich denke, zwei Sachen sind wichtig für dich.

Erstens: „Du hast auch einen direkten Draht zu Gott!"

Oft ist es ja so, dass man einfach nur mega froh ist, jemand anderem zu erzählen, was gerade blöd läuft, wo man selbst Fragen hat oder auch nicht mehr weiterweiß. Und ich finde es so unglaublich wertvoll, Menschen zu haben, die mir Mut zusprechen, wenn ich mir unsicher bin, und die gute Ratschläge haben. Neben dem, dass ich selbst manchmal nicht weiterweiß, ist es aber auch so, dass niemand die Wahrheit allein gepachtet hat. Wenn jemand sich aufspielt und immer allen anderen vorauslaufen möchte mit der Einstellung „Ich weiß, wie's geht, hör auf mich", dann ist da eine Grenze erreicht. Du kannst selbst schon Verantwortung übernehmen und mit Gott unterwegs sein und brauchst dafür keinen anderen Menschen, der dir allein sagt, wo's langgeht. Das nennt man übrigens mündig sein. Genauso wie du auch genau hinschauen solltest, wenn dir bestimmte Gruppen auf Social Media ganz klar sagen wollen, wie die Welt funktioniert, wer an allem Schuld ist, und kein Raum für eine Diskussion und kritische Gedanken da sind. Dann ist da was faul. Du bist selbstständig, kannst dir deine eigenen Gedanken machen und solltest nicht blind jemandem folgen. Du hast einen Kopf, den du selbst benutzen kannst, und du hast einen direkten Draht zu Gott und kannst dich auch von ihm durch das Leben begleiten lassen.

Zweitens: „Der Maßstab ist die Liebe."

Paulus schiebt nach dem „Prüfet alles und behaltet das Gute" direkt hinterher: „Haltet euch vom Bösen fern – wie auch immer es aussieht." Klingt erstmal easy, das Gute behalten und sich vom Bösen fernhalten. Alles klar. Aber was ist gut? Manche verkaufen mir etwas als besser für mich, aber oft geht das dann auf Kosten anderer. Die sind dann auch schuld, wenn es mir nicht gut geht: die Anderen, die Fremden. Aber etwas „Gutes", das man nur bekommt, weil andere leiden, ist nichts Gutes. Darin steckt keine Liebe. Auf jeden Fall nicht Gottes Liebe. Wenn ihr euch bei etwas unsicher seid, etwas prüft, dann fragt euch: „Ist das von Liebe durchdrungen?" Gott ist die Liebe in Person und der hat die Welt so sehr geliebt, dass er seinen einzigen Sohn dafür hergegeben hat. Der Maßstab, ob etwas gut ist, muss die Liebe sein. Bei allem anderen: „Haltet euch vom Bösen fern – wie auch immer es aussieht."

Vielleicht habt ihr euch vorhin schon mal gedacht: „Boah, das ist irgendwie auch anstrengend, nachzuschauen, wer was geschrieben hat. Zu überprüfen, ob das stimmt. Genau hinzusehen auf die Form und den Inhalt." Ja, das ist echt der Knackpunkt. „Prüfet alles und behaltet das Gute" ist eine Herausforderung und Aufgabe. Ich hab's vorhin schon mal gesagt, du hast einen Kopf und kannst eigenständig denken und du kannst selbst auch mit Gott im Gespräch sein. Das heißt, dass du Verantwortung hast. Du musst deinen Kopf benutzen bei allem, was so auf dich zukommt an Informationen und Gerede. Das geht schon bei Witzen oder lustig gemeinten Reels los, wo wir uns immer fragen sollten: „Ging der Witz auf Kosten anderer und ging er vielleicht zu weit?" Und wichtiger denn je ist es, dass du genau hinschaust und dich fragst: „Das, was da gesagt wird oder geschrieben wurde, schürt das nur mehr Angst oder Wut und hetzt das Menschen gegeneinander auf?"

Das ist wirklich richtig anstrengend, aber so enorm wichtig, genau hinzusehen bei der Menge an Inhalten, die so auf dich einströmt. Am Ende wirst du merken, dass das einen Unterschied macht für dich. Ich bin mir sicher, du kannst selbstbewusst und selbstsicher durch das Leben gehen, wenn du alles prüfst, das Gute mitnimmst und dich dabei an die Liebe hältst, die Jesus vorgelebt hat. Dann hast du einen sicheren Stand, den niemand so leicht ins Wanken bringen kann.

Gebetsgemeinschaft
Gott, so viele Dinge strömen auf uns ein. So viele Menschen reden auf uns ein. Hilf uns, dabei durchzublicken. Hilf uns, das Gute zu entdecken, sodass deine Liebe wachsen kann unter uns. In der Stille geben wir dir unsere Fragen und unsere Unsicherheit.
Stille

Bei allem, was wir dir genannt haben, bitte ich dich: Schenke uns deinen Durchblick. Gib uns das Selbstvertrauen und die Stärke an dir und dem Guten festzuhalten. Amen

Extras

Noch mehr Spielspaß zu dem Thema findet ihr bei der Quizsammlung von Mimikama[13]. Mit dem Bilderrätsel: „Echt oder KI?" merkt man noch mal, wie leicht es ist, etwas zu schaffen, das es so nicht gibt.

Ebenfalls dazu kann man sich unter „thispersondoesnotexist.com" Profilbilder anzeigen lassen, die von KI generiert wurden und Menschen zeigen, die es überhaupt nicht gibt. Man kann die Teens rätseln lassen, welche echt und welche fake sind, um am Ende aufzulösen, dass alle nur generiert sind.

---

13   Mimikama – Verein zur Aufklärung über Internetmissbrauch, https://www.mimikama.org/interaktive-quiz-sammlung-von-mimikama/, (zuletzt abgerufen am 25.3.2024.)

HERAUSGEBERTEAM, AUTORINNEN UND AUTOREN

Herausgeberteam

Martina Walter-Krick ist Diplom-Pädagogin und Dozentin an der Evangelistenschule Johanneum, Wuppertal.
Martin Werth, Dr. theol., ist Dozent und Direktor der Evangelistenschule Johanneum, Wuppertal.

Autorinnen und Autoren

Johannes Beer ist Gemeindepfarrer und Pfarrer der Offenen Kirche und Kulturbeauftragter des Kirchenkreises Herford.
Hermann Brünjes ist gelernter Speditionskaufmann und war bis zu seinem Ruhestand Mitarbeiter des Hauses kirchlicher Dienste der Evangelisch-lutherischen Landeskirche Hannovers und Referent der Missionarischen Dienste.
Sem Dietterle ist Jugendpastor der Evangelischen Gemeinschaft in München-Bogenhausen.
Fynn-Ferdinand Fuhrmann studiert an der Evangelistenschule Johanneum in Wuppertal.

Chris Günzel ist Referent am Pontes Institut und wohnt mit seiner Familie bei Stuttgart.

Naemi Hagenlocher studiert in Heidelberg Grundschullehramt und ist bei der SMD und in der evangelischen Landeskirche in Schriesheim aktiv.

Stefan Jäger, Dr. theol. habil., ist Dozent für Neues Testament und Systematische Theologie an der Evangelistenschule Johanneum und Privatdozent für Religionswissenschaft und Interkulturelle Theologie an der Kirchlichen Hochschule Wuppertal.

Rainer Koch arbeitet am Haus kirchlicher Dienste der Landeskirche Hannovers und betreibt u. a. Herzensprojekte wie die App Evermore oder den LUV-Workshop für Sinnsucher*innen und spirituell Interessierte.

Laura Nieseler studiert an der Evangelistenschule Johanneum in Wuppertal.

Bernd Pfalzer ist Referent für Beratung und Begleitung im Jugendverband Entschieden für Christus (EC).

Kim-André Reusch studiert an der Evangelistenschule Johanneum in Wuppertal.

Maximilian Rößle studiert an der Evangelistenschule Johanneum in Wuppertal.

Dennis Weiß ist Gemeindepädagogischer Mitarbeiter der Kirchengemeinde Uellendahl-Ostersbaum.

Power-Food für Kopf und Herz

Gute Fragen verdienen gute Antworten. Bei vielen Fragen zum
christlichen Glauben – z. B. aus den Bereichen Logik, Natur- oder
Geschichtswissenschaft – ist das gar nicht so einfach. Fünf Experten setzen sich deshalb in diesem Buch mit 50 der gängigsten
Einwände und Fragen auseinander. Wer sich darauf einlässt,
wird überrascht sein, dass es Fragen gibt, die gar nicht so
unbeant-wortbar erscheinen, wie es oft den Anschein hat.

Auch als E-Book erhältlich bei allen gängigen E-Book-Anbietern
(ISBN 978-3-7615-6763-0).

Matthias Clausen,
Alexander Fink, Andreas
Gerstacker, Thomas Giebel
und Stephan Lange
Frag los!
50 Antworten für Skeptiker
und Glaubende

gebunden, 268 Seiten,
ISBN 978-3-7615-6762-3

Berührende Erlebnisse und starke Glaubenszeugnisse

Jeder von uns kennt wahrscheinlich nicht nur einen Menschen, der sich mit hartem Leid konfrontiert sieht. Und manchmal sind es sogar wir selbst, die Schweres durchleben müssen. Davon bleibt auch der eigene Glaube nicht unberührt. Dieses Buch vereint die realen Geschichten von Leuten, denen der Boden unter den Füßen weggerissen wurde. Alle diese Menschen erleb(t)en schwerstes Leid - und hielten trotzdem (oder gerade deshalb) an ihrem Glauben an Jesus fest. Wie das Leid ihren Glauben veränderte, davon berichten sie in diesem Buch.

Auch als E-Book erhältlich bei allen gängigen E-Book-Anbietern (ISBN 978-3-7615-6825-5).

Stephan Lange (Hg.)
Warum ich trotzdem glaube
Vom Zweifeln, Vertrauen und Kraftfinden in schweren Zeiten

gebunden, 168 Seiten,
ISBN 978-3-7615-6824-8

 neukirchener